星野幸代著

日中戦争下のモダンダンス

――交錯するプロパガンダ――

汲古書院

目　次

日中戦争下のモダンダンス

――交錯するプロパガンダ――

図　登場する主要な舞踊家相関図

（片岡康子編著1999、山口庸子2006及び本書に基づき筆者作成）

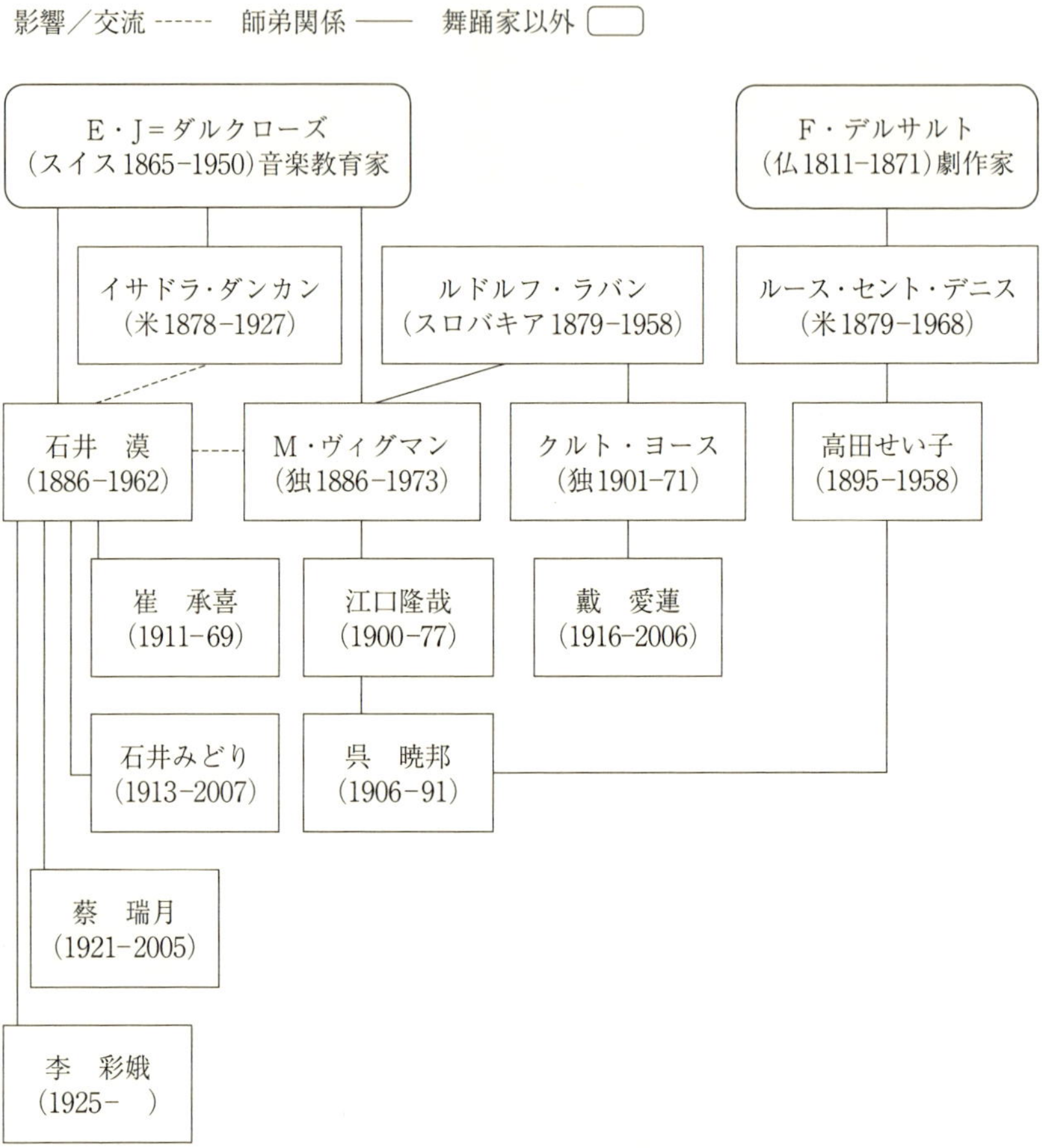

序章

はじめに

日中戦争期、帝国日本は対外的文化工作として日本帝国主義を賛美する舞踊の創作を奨励するとともに、国内向けには日本軍の士気を高め、銃後の増産を称揚する舞踊を後援した。これに対し中国人舞踊家は、中国大陸各地で舞踊によって抗日宣伝した。その狭間で、植民下の舞踊家たちは帝国日本で踊りながら故郷のための芸術を模索した。

本書が対象とする時代は日中戦争から太平洋戦争前後すなわち一九三〇―四〇年代であり、対象とする事象は、何らかのプロパガンダ（国内宣伝・対中立国宣伝・対敵宣伝のいずれか）[1]を背負っていた大陸中国・日本・台湾をめぐるモダンダンス（定義は後述）である。

以下、本書の研究意義、研究動機と研究対象、研究背景、用語の定義、本書の構成の順に述べる。

研究意義——文芸研究の重要な間隙

これまで中国のモダンダンスないし日中の比較モダンダンス史に関する論著は、日本では皆無であった。では、それらには研究価値がないか、あるいは重要ではないのであろうか。例えば、中国にモダンダンスが存在したとしても、他の文芸とは切り結ぶことなく、時代社会を反映することもなく、個人的で一過性のものにとどまったのであろうか。無論、そうではなかった。中国のモダンダンスは、舞踊の性質上、音楽界と親和性があるのはもとより、話劇〈中国の近現代演劇〉の創作、上演と強く結びつき、話劇人たちが映画界にシフトするにともなって映画にコミットし、話劇スタッフである画家たちとも接触を持った。さらに米英知識人を主とする抗日組織に支援され、戦災児童教育にも深くかかわった。いわば中国モダンダンスは、ヨーロッパにおける舞踊がそうであったように、文学、演劇また様々な芸術の「結節点」であった[2]。

従って、本書は文芸界の知識人交流に軸足を置いた日中近現代舞踊史研究というスタンスをとり、同時に中国の各文芸研究の間隙をつなぐことを意識している。

研究動機と研究対象

(一) 中国大陸の舞踊史への異見

二一世紀に入って、中国ではバレエや二〇世紀中国舞踊などに関する書籍が盛んに出版されるようになった[3]。それらには本書も多くを負っている。通史的なものは文字通り民族舞踊、伝統劇中の舞踊、バレエ、革命バレエ、モダンダンス、社交ダンスまでさまざまな舞踊について網羅的に紹介している。ただ、換言すれば簡略に紹介するのみである[4]。現代舞踊史としては、建国後に創作された舞踊のみを扱う書が少なくない中[5]、民国期を網羅するものも出てきた。それらは呉暁邦、戴愛蓮を重要人物として一節を割くのが常である。だが、それらに共通する問題として、伝記的事項については基本的に自伝のみを根拠として客観的資料がほぼ用いられておらず、その他の事実の記述についても出典を明記していない場合が多い[6]。そのため、数冊の舞踊史を並べてみても内容は似たり寄ったりである。単純な人名表記の誤りが残るのも[7]、研究として蓄積されていないことの表れであろう。

こうした根拠資料的な問題点のほかに、上述の舞踊史には求められないことがある。すなわち、それらの舞踊史は編年的に重要人物の事績を述べることに主眼があるため、その人物がなぜそのとき、その場所で誰と協力しながらそれを作ったのか、という創作動機や創作背景に関して考察を深めていない。その理由の一つは、抗日期は大半が国共合作期に当たり、舞踊家の特筆すべき活動にはしばしば共産党、国民党がそろってバックアップないし関わっていたためであろうと考えられる。従って、大陸中国における研究は一貫して、誰と誰が協力していたかという事実には殆ど踏み込まない。そのほかにも、人民共和国史観に照らして相応しくないような事実については記述しない傾向が顕著である[8]。そのため、そうした制約を受けない研究が有意義となってくる。

（二）本書の視点

阪口直樹は、一九三〇年代中国文学研究に即して、中国の共産党文化史観に影響された誰が悪、誰が善とするような、「固定的・図式的把握ではなく、作家たち相互の〝関係性〟を重視する視点を導入することの重要性[9]」を提起し、それは他の文学流派間にも拡大適用することが可能であろうと述べた。本書は、こうした関係性への着眼を引き継ぎ、初めて中国モダンダンスを射程とした研究と位置付けられる。

次に、日中戦争下のモダンダンスという研究対象の設定について説明しておく。中国近現代舞踊史、台湾現代舞踊史⑽というくくりでは、それぞれ抜け落ちるものが出てくる。例えば、狭義の中国近現代舞踊史は、中国大陸出身の舞踊家が中国大陸において行った舞踊活動に限定するものとなろう⑾。いっぽう広義でとらえれば、中国大陸の出身ではなく、中国大陸を訪れたこともない舞踊家を、単に中国に関する舞踊創作を行ったという理由で舞踊史に含めることも有り得る。もしも中国、台湾、朝鮮、日本を各々「モダンダンス」に冠するならば、抗日戦下で大陸中国、日本を移動しつつ踊られた中国人、台湾人、朝鮮人、日本人によるモダンダンスを網羅することは出来ない。そのため、本著は「日中戦争下のモダンダンス」という枠組みを採用した。

本書は以上の認識のもと、日中戦争下で大陸中国、日本を様々な形態で移動してモダンダンスを踊った舞踊家とその舞踊を主たる対象とする。中国大陸、台湾の舞踊家を中心とするが、若干の日本人舞踊家、朝鮮人舞踊家とその舞踊をも含む。方法としては、新しい客観資料と従前の大陸中国の舞踊史、台湾の舞踊史とを照合しつつ、従来政治的な理由で顧みられなかった状況、トピックを中心にそれらの再現を試み、考察する。但し、網羅的に論じることは現段階では不可能であるため、舞踊史における重要人物を中心に、日中戦争期における創作動機及び背景を考察することを目指している。

研究背景

（一）移動し、交錯する知識人たち

本著の扱う時代、中国の知識人たちの中には、一、二年と一都市に止まらず移動していた人物が多い。なぜ移動したかといえば、日本の満州事変以来の侵略のためであった。

一九三一年の満州事変の後、日本はいわゆる〝満州国〟を建国した（一九三二年二月）。中国では抗日へ向けた統一を求める声が高まり、三六年国民党も抗日を受け入れて、第二次国共合作が成立し、終戦まで続くことになる。三七年の盧溝橋事変以降、日本は中国への全面侵略をはじめ、同年七月中には北京・天津を占領、南京に傀儡政権である中華民国維新政府をつくらせ（一九三八年三月）、広東及び武漢を占領した（一九三八年一〇月）。この間、蔣介石の国民政府はやむなく南京から武漢、重慶へと首都を移していく。国統区では三八年、武漢で中華全国文芸界抗敵協会が結成され、文芸工作者たちは前線や農村に行って抗日宣伝に従事した。武漢陥落後、彼らはさらに重慶・桂林・昆明・香港などに移動する。

一九四一年一二月、日米開戦後、日本は上海租界を接収し、香港を占領する。これにより、日本占領地に留まることを潔しとしない中国人一〇〇〇万人が上海、香港から大移動し、その七割が四川省に入ったという[12]。一九四〇年代には錚々たる小説家、演劇人、映画人らが上海から重慶に結集し、重慶は一躍文化都市となった。日本軍は重慶を激しく爆撃したが、深い霧が立ち込める霧季、秋から春にかけては空襲できない。そのため、中国話劇は抗日期、特に一九四一年から四五年重慶での霧季において、「血のにじむ苦労の末に、空前の進化と繁栄を迎えた[13]」。

上の状況の下、中国は日本軍占領区（淪陥区）、国民党支配区（国統区）、共産党支配区（解放区）の三つの地域に分かれ、それぞれの支配勢力に従って異なる文化状況が生じた。いっぽう、日中戦争がはじまってから太平洋戦争の勃発までの約四年間、上海の共同租界とフランス租界は淪陥区における中立地帯であり、この「孤島」に多くの中国文化人が残留した。以上の「淪陥区」、「国統区」、「解放区」そして「孤島」という文化地図は、既に中国文学の分野では通説となっている。[14]

国統区では移動演劇隊や児童劇団である新安旅行団が桂林から重慶にかけて各地を抗日宣伝しており、それと行動をともにした舞踊家として呉暁邦（一九〇六―一九九五）がいる。戦況が悪化すると重慶に文人が集結し、抗日をテーマとした話劇が盛んに上演され、[15]その活動の一環として華僑の舞踊家・戴愛蓮（一九一六―二〇〇六）及び呉暁邦が舞踊コンサートを開き、抗日を宣伝するとともに義捐金を集めた。延安を中心とする解放区では民間舞踊・秧歌を元にした舞踊を八路軍と農民による宣伝隊が踊り、紅軍宣伝と抗日宣伝を行った。[16]

それに対し淪陥区では、日本国内と同様に、日本軍の娯楽と士気高揚を主な目的とする舞踊によって「大東亜」共栄圏の思想を広めることが奨励された。駐留する日本軍のため、また軍事工場のために、多くの日本の舞踊家および舞踊団が慰問舞踊コンサートを開いた。こうした慰問舞踊は一九三九年頃から日本敗戦まで断続的に行われ、スポンサーは陸軍省やラジオ局、新聞社等であった。[17]日本人舞踊家だけでなく、本書で取り上げる朝鮮の崔承喜、台湾の蔡瑞月、李彩娥といった植民地のダンサーたちは占領下の〝日本人〟として慰問舞踊に加わっていた。そのため彼女たちは、少なくとも見かけ上は日本帝国主義のプロパガンダを背負って、日本国内及び淪陥区で活動していた。帝国日本の「同胞」の名目ながらも国内外で踊ることは、彼女たちにとって台湾・朝鮮の民族性をアピールするための戦略でもあった。

本書は上述の通り区分された文化地域のうち、主として「孤島」期及び淪陥区となった上海と、国統区の重慶および日本（台湾人舞踊家の関わりのみ）を扱う。共産党支配区を除く理由は、抗日期の時点でモダンダンスは同地域へ伝達されていなかったと、現段階では考えているためである。

本著に登場する中国大陸の舞踊家や演劇人たちは、抗日という点では揺るぎなかったが、国民党、共産党といった立場からすればグレーゾーンである場合が殆どである。それは、彼らの活動期間が「第二次国共合作の「蜜月時代[18]」であったから、寧ろ当然であった。だが、彼らはいずれも文化大革命の際、国民党の下で反共活動をしたとして批判された[19]。それが、同分野の研究が漸く昨今になって進んだ理由でもある[20]。

（二）バレエとモダンダンス（現代舞踊）について

（二）一、用語の整理

本書で用いるバレエやモダンダンスといった舞踊の呼称について整理しておく。

クラシック・バレエはルネサンス期、知性が肉体的な衝動を凌ぐという西洋的身体の思想と同時に現れた。従って、バレリーナは興に乗じて踊るのではなく、定められた技術や動きの型（仏語：Pas《パ》、英語：Step）を習得し、その型に則って身体を完璧にコントロールするという意味で、肉体性を放棄するものとされた[21]。モダンダンスはバレエに対抗し、パ／ステップから解放されたダンスとして創始された。欧米のモダンダンス史は、通常アメリカとドイツの二つの流れが互いに影響を与えつつ発展したと記述する。前者を代表する人物がロイ・フラー（一八六二―一九二八）、イサドラ・ダンカン（一八七七―一九二七）、デニス・セント＝ルイス（一八七九―一九六八）であり、後者を代表するのはルドルフ・ラバン（一八七九―一九五八）、マリー・ヴィグマン（一八七九―一九六八）、クルト・ヨース（一九〇一―一九七九）とするのが通説となっている[22]。

時期的に言えば、モダンダンスの始まりは、二〇世紀初頭のイサドラ・ダンカンに代表される舞踊とする見解と、一九二〇年代のマリー・ヴィグマンらのドイツ表現舞踊とする見解がある。後者の主張としては、ダンカンの舞踊は舞踊家の感情が無意識に表出する段階にとどまっているのに対し、ヴィグマンらは感情や思想を舞踊の形式によって意識的に把握し直し、表現する。すなわち、同じく内面を表現するものではあるが、その伝達形式を持って初めてモダンダンスであるという主張だ[23]。これらの見解に即していえば、本書で扱う舞踊家たちの多くは、日本、中国における西洋文化受容の例にもれず、ダンカンの段階の舞踊表現とヴィグマンらの段階のそれとを殆ど同時に吸収することになった。そのため、彼らの舞踊を表現方式によって分類することは難しい。従って、本書ではこの二つのタイプをいずれもモダンダンスととらえることにする。

さらにモダンダンスを、二〇世紀のモダニズムを反映するダンス、と広義[24]で把握すれば、二〇世紀バレエも含み得る。二〇世紀バレエとは、セルゲイ・ディアギレフ（一八七二―一九二九）の率いたロシアン・バレエ団（Ballets《バレ》 Russes《リュス》、一九〇九―二九）以降創作されたバレエであり、一九世紀バレエ全般に対する呼称であるクラシック・バレエとは区別される[25]。実際、二〇世紀バレエとモダンダンスとは、その両方に跨って踊り、創作した舞踊家も多く、それぞれに分類される演目の振付にも影響・協力関係が多くみられ、明確には分かちがたい[26]。

本書では広義のモダンダンスを採用し、「二十世紀のモダニズムを反映するダンス」を「モダンダンス」と呼ぶことにする。なお、この呼称と定義は、当事者であった舞踊家たちの認識とは必ずしも一致していない。例えば、石井漠の門下生であった蔡瑞月は、以下の様に証言している。

石井漠は、後に「モダンダンス」の名で呼ばれる舞踊をずっと「創作舞踊[27]」と呼んでいた。それはドイツでは「ノイエ・タンツ」、米国では「フリー・ダンス」、「コンテンポラリー・ダンス」あるいは「モダンダンス」と呼ばれる。名称は異なっても、クラシック・バレエの型を転覆し、自由な創作の精神を追究する点では一致していた。[28]

石井漠の用いた「創作舞踊」という呼称は、今日では一九八〇年代以降のコンテンポラリー・ダンスにおいても使われ、また日本舞踊における創作も含んでしまうこともあるため、本書ではこの言葉を用いない。なお、特に当時の中国人舞踊家の発言について「モダンダンス」という訳を当てるとそぐわない場合等には、「現代舞踊」を併用することにする。なお、「西洋舞踊」という場合は、バレエとモダンダンス双方を含むものとする。[29]

(二) 二、モダンダンスと権力との関係

ダンスをプロパガンダという目的で利用するというメカニズムは、早くは一二世紀フランスで教会の祭儀におけるダンスとして現れていた。[30]バレエの時代にも、フランス一六世紀ヴァロワ朝では王権強化のための「大衆に対するプロパガンダの道具」としてバレエが上演された。[31]上述のバレエとモダンダンスそれぞれの起源にも現れている通り、西洋社会において「起源となる国に応じたさまざまな民主主義の理想、ユートピア、イデオロギーは、政治的な身体観との関係の中で特定のダンスを生産し優遇してきた」。[32]これは、戦時期中国、日本にも当てはまり、また戦後台湾の民族舞踊推奨、中国共産党の秧歌奨励から文化大革命の忠字舞および革命バレエにもついても言える。

モダンダンスを踊るダンサーは、本来的には内面を抽象的に身体で表現しようとする。しかしその表現が成立するには、他者すなわち観客の視線による認知が必要である。観客の欲望が投影されたダンサーの身体は、集団を解放する媒介ともなりうる。逆にその表現が、「政治的な身体観との関係の中で」優遇されて創り出された場合、ダンサーの身体は「政治的機関を反映する身体的範例」[33]に相当し、集団に対する強制手段にもなりうる。

昭和初期日本に伝わったドイツ表現舞踊は、本来個々の舞踊家の思想、哲学など内面を表現するものであった。だが、ナチスの宣伝省の助成を受けてその体制下に取り込まれることにより、思考を停止した単なるリズム運動として一体感の創出に徹するものとなる。山口庸子は、ドイツの表現舞踊家たちが振付けた一九三六年ベルリン・オリンピックの開会式に即して、「詩や舞踊や音楽のリズムが秩序の共犯者として働くとき、それはバラバラの個人を集団に纏め上げ、その集団にとっての聖なる真理を作り出し、それを成員の身体と精神に刻み込んでいく」[34]とその効果を総括し、ドイツ表現舞踊がナチズムと「共振」してしまった要因の一つはこうした舞踊の特性に帰すると論じている。戦時下日本政府もまた、一九四〇（昭和一五）年九月「皇紀二千六百年」（第三章で詳述する）奉祝のための集団舞踊を石井漠、高田せい子、江口隆哉に企画させた際、同様の効果を期待したに違いない。いっぽうで、高田と江口は舞踊家・呉暁邦を育てた。「皇紀二千六百年」の年、呉は中国各地で抗日舞踊を踊っていた（第四章）。

モダンダンスが体制側に抵抗あるいは批判したドイツの例として、表現舞踊の主要人物の一人クルト・ヨースは、一九三二年「緑のテーブル」（パリ国際舞踊コンクール第一位）で反戦思想を明確に提示したために、抑留、逃亡、亡命を余儀なくされた。その最中にも反戦やヒトラーを批判した作品を三つ創作している。[35]戴愛蓮はクルト・ヨースに学び、戦時下中国の国統区での抗日舞踊を踊ることになる。

関連して、言語とモダンダンスの関係について言及しておきたい。モダンダンスがアメリカ、ドイツを中心に隆盛した一九三〇年代以来、舞踊による身体表現とは舞踊言語である、すなわち舞踊も「ことば」であるという記号論的認識が知識人の間では一般化した。[36]アニエス・イズリーヌは、「イサドラ・ダンカンは、モダン・ダンスの本質となるものを築いた。つまり、独創的で私的な振付語彙《ボキャブラリー》をつくり、慣習を拒否して動作と意図の一致を図ったのである」と述べる。[37]ただ、ダンカンの築いた舞踊原理は、多分に彼女の天才的感覚に依存した、身体の在り様を示したものにとどまった[38]。いっぽうドイツにおけるモダンダンスは、思想・文芸界に生じた言語の伝達可能性への懐疑に応じて、〈身体言語の再発見〉として現れた。そのため、モダンダンスに先立って、既に望ましい身体言語を志向する舞踊哲学が存在した。

中国では一九二〇年代後半、少なくとも文芸に造詣の深い知識人の間では、モダンダンスは素養の一つとなってい た（第一章参照）。一九三〇年代に至り、少なくとも上海の知識人たちの中では、こうした記号論的認識がある程度成り立っていたと推測される。そうした文化的土壌のもと、中国のモダンダンスは、日中戦争時に大衆向けに抗日宣伝するに当たり、「大衆に届く言葉をいかにして獲得するか[39]」という問いに応える有効な手段の一つとなった。

本書の構成

本書は前史・通史的な第一章と各論である第二〜六章から構成される。

まず第一章では、民国期中国におけるモダンダンスの受容を、上海を中心に概観する。清朝のごく限られた貴族階級で受容されたモダンダンスから、それを教養として受容した五四時期の知識人たちに触れ、一九三〇—四〇年代中国におけるモダンダンス受容の要となった上海で踊られた舞踊を概観する。その一環として、三〇年代上海で一世を風靡した黎錦暉のレビューを追う。娯楽ショーであるレビューを扱うのは、（一）それがモダニズムから生じたダンスであるため[40]、（二）中国ではそれが標準中国語の普及という近代国家における言語の制度化を動機として現れたため、（三）それが児童の身体発育を当初の目的に含んでおり、その意味でエミール・ジャック＝ダルクローズ（第二章）に通じるため、以上三つの理由による。

第二章以降は、人物を中心とした各論である。第二章では、植民地出身の舞踊家たちの中から台湾の蔡瑞月、李彩娥に焦点を当て、関連して朝鮮の舞踊家・崔承喜の彼女たちへの影響を視野に入れつつ、戦時期のそれぞれの舞踊活動を追う。その際、戦後の故郷における舞踊発展への貢献をも合わせて考察する。

第三章では、上海で発生した当初は白系ロシア人を中心に結成されながら、戦時期には日本に接収され、日本の文化工作を担ったダンス・カンパニー、上海バレエ・リュスについて、唯一の日本人ダンサーであった小牧正英を中心に、その活動と中国モダンダンス史との接触を考える。なお、上海バレエ・リュスのレパートリーは、「バレエ・リュス」を名乗るだけあって、本著が対象とする二〇世紀バレエの方が多い。しかしクラシック・バレエの方が一般受けしたことから当時の新聞報道ではそちらが大きく取り上げられがちであり、また小牧正英が戦後日本バレエ界の重鎮となったために、この章にはクラシック・バレエにまつわる記述が多くなる。だが、日中戦争期のモダンダンスを取り上げる上で、日本人が戦時期限定で率いることになった二〇世紀バレエの舞踊団で、上海バレエ・リュスは外せないと考える。

第四章は、一九三〇年代の呉暁邦にスポットをあて、彼が東京で三回の舞踊留学をしながら上海で舞踊研究所を開き、東京と上海で中国演劇人とのネットワークを築き、その過程で上海文芸界におけるモダンダンスを位置づけていく様を跡づける。

第五章では、英国領トリニダード・トバゴ出身で、英国に渡りアカデミックなバレエ及びドイツ・モダンダンスを学んだ華僑・戴愛蓮が、ロンドンにおける中国支援運動を経て香港に帰国後、中国保衛同盟、宋慶齢といった政治的なスポンサーのもと、バレエ、モダンダンスを通じて抗日活動をする様を追う。

第六章では、呉暁邦、戴愛蓮のモダンダンスが戦災児童教育支援という形で合流するまでをたどり、重慶で彼らが開いた抗日義援金のための舞踊コンサートと戦災児童教育のためのコンサートの内容を考察する。

第一章　モダンダンス受容初期

第一節　上海租界という舞踊空間

はじめに――西太后の見たバレエ

本章は、欧米露及び日本の文化が雑多に往来した上海を中心に、モダンダンスが伝播した状況を概観する。その前に、中国とモダンダンスとの邂逅として、初めて清朝でモダンダンスを踊った裕容齢（一八八八?―一九七三）に言及しておきたい。上海ではなく北京が舞台である。彼女は西太后（一八三五―一九〇八）にモダンダンスを初めて観せたダンサーでもある。容齢は清朝官僚の裕庚（―一九〇五）の娘として生まれ、姉に作家、徳齢（Princess Der Ling, 一八八五―一九四四）[41]がいる。

裕庚は駐日大使を経て一八九八―一九〇二年駐仏大使を務め、その際パリへ夫人ルイザ[42]と子女を伴っていった。これは丁度、イサドラ・ダンカンが欧州公演をした時期と重なっていた。米国、欧州でモダンダンスが脚光を浴びた最初期であり、一九〇〇年パリ万国博覧会では、モダンダンスの祖の一人、ロイ・フラーによる「バタフライ・ダンス」のデモンストレーションが行われ、徳齢はこれに魅了された[43]。その後まもなく、ルイザはパリの社交界でダンカンと知り合い、ダンカンのスタジオはちょうど中国公使館の近所にあった。そこでルイザは、ダンカンのダンス・クラスで娘たちにレッスンを受けさせることにした。レッスンは週に三日、一回一時間半で、リトミックが主であった。ダンカンは、ほっそりとして上背がある容齢の方が自分のダンスに向いていると判断し、古代ギリシャにインスピレーションを受けたダンスを割り当てた。(44)

帰国後一九〇三年三月、ルイザと徳齢、容齢は英仏二か国語が出来ることを買われて西太后に仕えるようになった。或る時、宮廷で伝統劇が上演された際、西太后は裕夫人に尋ねた。

「音楽は好きか。今日の劇をどう思う。」

私の母は答えました。

「大変結構と存じますが、残念ながらわたくしは音楽に詳しくございません。わたくしの次女は勉強の方はさっぱりですが、音楽は非常に好きです。外国におりましたとき、音楽と古典舞踊〈原文：古代舞〉を何年か習いました。(45)」

西太后は喜び、宮廷で舞踊を研究させるよう言いつけた。上の会話で、裕夫人が言った「古代舞」とは、恐らくクラシック・バレエを中国語訳したものと思われる。しかし西太后は文字通り古代の舞踊と受け取ったらしく、その後裕容齢が命じられたのは古代画から振付を再現し、音楽の素養のある宦官たちに伴奏させて踊ることであった。西太后はご満悦であったが、父母は容齢が踊るのを喜ばなかったという。

裕容齢にとって大きな舞踊発表会となったのは、西太后、光緒帝及び後宮や貴族の女性たちが五月の節句のため集

図1　裕容齢「バラと蝶（玫瑰与胡蝶）」1902（裕容齢1994所収）

まった際のことで、西太后の腹心の宦官李蓮英の提案で舞踊を披露した。[46] 中国の伝統舞踊のほか、スペインの踊り、古代ギリシャの踊りを舞った。衣装はフランスから持ち帰ったものを用い、伴奏には袁世凱の楽隊を天津から呼び寄せたという。

　また或るときには、裕姉妹の話から西洋の社交ダンスに興味を示した西太后に命じられ、二人は蓄音機でワルツをかけて踊ってみせたこともあった。[47] 徳齢と容齢、裕母娘三人の宮仕えは一九〇三年までで終わった。

　彼女が踊った振付は不明だが、「バラと蝶々〈玫瑰与蝴蝶〉」の蝶々に扮した写真（図1）が残されている。これは、衣装と題名の類似性から、一八六〇年パリのオペラ座初演「パピヨン〈Le Papillon〉」（振付：M・タリオーニ、曲：オッフェンバック）、もしくは一八五七年サンクトペテルブルクのロシア帝室バレエ初演「バラとスミレと蝶々〈La Rose, la violette et le papillon〉」（振付：M・プティパ、曲：オリデンブルクスキー）の一部を踊ったものではないかと推測される。

　裕容齢はその後ダンスの弟子をとることもなく、また一般人を対象としたステージに立つこともなかったため、影響もほぼもたらさなかった。ただ、裕容齢はイサドラ・ダンカン最盛期の西欧で直接彼女からモダンダンスを習った稀有な中国人ダンサーとして位置づけることが出来るだろう。なお、徳齢の方は日中戦争期には米国に定住し、中国救亡運動を推進した。[48]

一、モダンダンス受容の土壌

呉暁邦が一九三〇年代上海で舞踊学校を初めて開いたとき、生徒の多くは社交ダンス目当てであった（第四章参照）しかし、同時期にモダンダンスのコンサートを開いた際、その舞踊を社交ダンスとは異なると認識して鑑賞した人々が、上海にはごく一部であったにせよ存在した。そうした芸術としての舞踊の受け手が層として存在したのは、五四時期以降、知識人たちが培ってきた文化的土壌によるところがある。

一九一九年五月四日、パリ平和条約で日本の山東省での権益が認められたことに憤激した北京の学生デモに始まる五・四運動は、労働者や商工業者を巻き込んで全国の大きな都市に広がった。それにとどまらず、社会・思想・文化全般を〈文化革命〉[49]の大きな流れに巻き込んでいった。当時、蘇州の東呉大学付属中学の生徒だった呉暁邦も、「デモ行進の列の中で跳ね回り、高らかに封建主義・帝国主義打倒のスローガンを叫んだ」という[50]。

上海では、遅くとも一九二〇年代には様々な国の舞踊家たちが常時往来していた。イサドラ・ダンカンの直弟子イルマ・ダンカン（一八九八―一九七七）の舞踊団がオデオン戯院で公演したこともあれば[51]、日本にクラシック・バレエを根付かせた功労者エリアナ・パブロバ（一八九七―一九四一）は一九二四年九月、オリンピック・シアターで公演している[52]。それらを鑑賞したのは、主として租界の欧米人たちであった。ただ、二〇年代以降の中国知識人たち、特に留学経験者たちは、欧米、アジアを興行していたクラシックバレリーナ、アンナ・パブロヴァ（一八九一―一九三一）や、イサドラ・ダンカンについて素養があった。

一九二〇年代の文芸誌からモダンダンス受容の一例を挙げてみよう。欧米留学帰りの文人たちが創刊した雑誌『新月』第一巻第五号（一九二九年）には、「〈アンナ・〉パブロヴァの舞姿（白仏洛華的舞姿）」（葉公超蔵）が二葉載っている。一枚はK・マンスフィールドの小説「人形の家」（西瀅訳）の後、もう一枚は陳楚淮「金糸籠」の後に添えられていた。つまり、文芸の内容とは関連性のない図版として挿入されているのだ。従って、彼らの間ではアンナ・パブロヴァが特に説明を要しない人物であったことがうかがわれる。この絵を提供した葉公超（一九〇四―一九八一、文筆家、外交官）は一九二〇年代にケンブリッジ大学モードリン・カレッジに学び、ケンブリッジ出身者を中心とする知識人サークル、ブルームズベリー・グループと接触を持った[53]。ブルームズベリー・グループは、帝政ロシアから巡業にきたディアギレフのバレエ・リュスのロンドン公演の際、祝賀パーティを開き、楽屋を訪問し、ダンサーたちの絵を描く等、バレエ・リュスに深い関心を持っていた[54]。一九二五年、バレエ・リュスのプリマ・バレリーナの一人リディア・ロポコヴァ（一八九二―一九八一）が、ブルームズベリー・グループのメンバーで経済学者のメイナード・ケインズと結婚する。これはちょうど葉公超がケンブリッジにいたときであり、この話題を呼んだカップルについて葉は知っていたに違いない。葉公超がケンブリッジ知識人たちとの交流を通じてバレエに触れていた可能性は、極めて高い。

上述の文芸誌『新月』主催者の一人であった徐志摩（一八九七―一九三一、詩人）もまた、葉公超より数年前にケンブリッジに遊学し、ブルームズベリー・グループと接触した知識人である。彼は蘇州女子中学での「女子について（関於女子）」（一九二八）と題した講演において、イサドラ・ダンカンに言及している。徐志摩は、諸芸術分野で女性が進出しているという文脈で舞踊に言及し、「舞踊においては、女性は遥かに男性よりも実績があります。イサドラ・ダンカンのような男性が現れるとは想像もできないでしょう[56]」と彼女を高く評価した。また彼は、ダンカンの母性と芸術との葛藤についても詳しく踏み込んでいる[57]。徐志摩は一九二七年にニューヨークで出版されたばかりであったダンカンの伝記（Isadora Duncan: *My Life*）を読んでいたに違いない。そして、その教養を早速蘇州の女子学生たちに与えたのである。

同時期、上海で上述のイルマ・ダンカンの舞踊団が公演したことから、知識人界ではダンカンへの関心が高まっていたらしい。上海で出ていた『芸術界週刊』[58]第二期（一九二七年一月）は、爛華〈不詳〉「教育方面におけるダンカンのダンスの意味及びその他（登肯跳舞在教育方面的意義及其他）」というエッセイ及び、ダンカンの写真三枚を掲載している。なお、『芸術界週刊』第一期（一九二六年一一月）では、前年に上海で公演した米国のデニショーン〈デニス・セント＝ルイスと夫のテッド・ショーン〉舞踊団――呉暁邦は孫弟子に相当する――が取り上げられている。一九四〇年代には、上海では社交ダンス、ジルバ、タンゴ、フラメンコ、クラシック・バレエ、インド舞踊、そして現代創作舞踊まで、さまざまな舞踊を見ることができた。

並行して、白系ロシア人やユダヤ人によるバレエ教室や舞踊学校も増えていった。これは同時代の英国、米国におけるバレエ学校の状況と比べても、あまり遅れをとっていない。ディアギレフのバレエ・リュスおよびその後継バレエ団の巡業により、英米でバレエ・ファンが急増したのが一九三〇年代である。上海には、舞踊学校出身なのか素人か定かではない教師もいる一方で、ロシア帝室バレエ団出身の優れた指導者もいた。英国で叙勲されたバレリーナ、マーゴ・フォンテーン（一九一九―一九九一）は、一二歳前後上海に在住した際、白系ロシア人指導者のバレエ・スクールに通い[59]、また上海バレエ・リュスのダンサー養成所、ベートマン・キング舞踊学校にも出入りしていた。

二、上海租界という舞踊空間

上海バレエ・リュス

バレエ・リュスはロシアン・バレエ、ロシア／ロシア人のバレエ団という意味である。白系ロシア人による技術の不揃いな芸術集団が、この時代上海をはじめとする中国の都市に出没していた。一九二二年北京で、魯迅はこうした或るロシア歌劇団の公演を鑑賞し、「妙なる芸術」と評している。だが特等席にいた北京軍閥の兵隊たち、また一般席の観衆は接吻の場面をはやし立てるばかりだった。魯迅は「砂漠よりももっと恐ろしい人の世がここにある」と称し、次のように述べる。


もし私が歌手であれば、おそらく私の竪琴をしまい、私の歌声を沈黙させただろう。さもなくば、私は私の反抗の歌を歌おうとしただろう。…

だが彼らは踊った、歌った、美しくも誠実に、そして勇猛に。

君たち流転の芸術家たちは、寂寞のなかに歌い踊りながら、もはや、すでに帰心を抱きはじめているのではなかろうか。（「ロシア歌劇団のために」一九二二年四月九日『晨報副刊』）

魯迅は、白系ロシア人の歌と踊りを、単なるエンターテイメントとして見てはいない。芸術に無理解な観客の喧噪のなかで演技するロシア歌劇団に、自らの孤高の思想的苦闘を重ね合わせている。(60) また、このエピソードは当時の西洋舞踊が受容された空間をある程度伝えている。すなわち、多くの中国人観衆は芸術性の高い演者に対しても低俗な刺激を期待し、実際それに応じる演者もいたのであろう。言わば、演者も鑑賞者も玉石混交だったのである。

一九三〇年代には上海租界を活動拠点とするロシアン・バレエ団、通称上海バレエ・リュスが現れた。上海バレエ・リュスで唯一の日本人であった小牧正英によれば、これはロシア帝室バレエ団出身者と、モスクワからアジア巡業に来た舞踊手たち、そしてバレエ・リュスの元メンバーが合流したバレエ団であり、もっぱらライシャム劇場を公演の場としたという[61]。いわゆるバレエ・リュスとは、ロシアの興行師セルゲイ・ディアギレフ（一八七二―一九二九）のプロデュースで欧州を席巻し、彼の死とともに終わった巡業バレエ団（活動期間一九〇九―一九二九）を指す。だが果たして、上海バレエ・リュスに元祖バレエ・リュスのメンバーがいたのかは定かでない。少なくとも、元祖バレエ・リュスで主要キャストであったダンサーは、上海バレエ・リュスには見当たらない。元メンバーがいたとしても、群舞レベルだったのではないか。一方、ロシア帝室バレエ団は母集団が大きいため、その出身者がいた可能性は高いと思われる。活動開始時期にはスヴェトラノバ、ロゴフスカヤ等、ロシア人のプリマがザ・ノース・チャイナ・デイリー・ニュースの芸能欄を飾っている[62]。一九四〇年代に入るころには英国人ダンサーが加わっていた。

一九三九年、駆出しの女優として中法劇芸学校で舞踊を学んでいた盛婕（第四章参照）は、ライシャム劇場で上演される上海バレエ・リュスのバレエを観ている。友人たちと立ち見している彼女とは異なり、席に着いた観客は皆フォーマルな服装で、静粛にマナーを守っていたという[63]。上海バレエ・リュスは一般の中国人になじみ深い存在ではなかったらしい。逆に言えば、高い教養のある中国人層に限っては、バレエは既に芸術的エンターテイメントとなっていた。

太平洋戦争勃発後、上海バレエ・リュスは大きく変革を迫られることになる。英米国人など「敵国人」の転居・旅行は日本軍の許可制になり、郵便物は検閲され、集会、講演は禁止された。四三年、上海バレエ・リュスの「敵国人」ダンサーたちは集団生活所に収容され、バレエ団員を育成するベートマン・キング舞踊学校は小牧正英に託された。日本当局が全面的に援助するかわりに、上海バレエ・リュスは「大東亜共栄圏確立のための文化的使命」を負わされた。同時に、小牧正英が主役級に常時キャスティングされる看板スターとなる。こうした運営及びキャスティングの変質は、国際的芸術であるバレエを日本人がけん引している体裁を整え、日本人の文化レベルは高いと国際都市・上海でアピールすることにあった。詳しくは本著第三章で述べる。

人気作家・張愛玲の観たバレエ「海賊」

張愛玲（一九二〇―一九九五）は一九四〇年上海のベストセラー作家であった。中国の男性知識人が国家、民族の運命について書きたいことを書けず筆を折った淪陥区の時代、張愛玲は個人として内面や体験を語ることにより、語る女性としてのアイデンティティを獲得した[64]。彼女はエッセイ「談跳舞（ダンスを語る）」（『天地』第一四期、一九四四年一一月）で、上海でバレエ「海賊」（マリウス・プティパ振付、一八五六年初演）を観た感想を書いている。全幕バレエ上演にはバレエ団としての規模と設備が要るため、張愛玲が観たのは巡業舞踊団等ではなく、上海バレエ・リュスの一九四一年五月ライシャム劇場公演「海賊」だった可能性が高い。

張愛玲によれば、上海の上流階級の女性たちにとって、バレエは非常に高尚な芸術であった。張の友人たちは極彩色のゴージャスな舞台セットに嘆息していたが、張愛玲は大して感心しなかった。彼女は、ダンサーたちを滑稽に描写している。

最後列に座っていても、ロシア人ダンサーの太ももの妙にぼこぼこした静脈が見えてしまう。それに、そのむっちりと太りすぎた白い肉づきを見ていると心配になってくる。うっかり強く踏み込みすぎたら、「ドン」と音を立ててしまうのではないかしら。

張愛玲はダンサーたちの容姿もテクニックも低く評価している。演出に対しても、彼女の筆は冷ややかである。

『海賊』のヒーローとヒロインは様々な困難にぶつかる。ヒロインは国王に献上されるが、王妃は寵愛を奪われまいと、ヒロインとその恋人を逃がしてしまう。しかし、彼らの小船は荒波に呑まれる。最後の一幕は短かく、波打つ海と飛ぶように流れる雲のなか小船が進むさまを、からくり仕掛けの舞台装置で表している。船は人でいっぱいで、沈没に瀕して入り乱れながらもバレエのポーズをとるが、ついにみな沈んでしまう。そんな悲壮な状況なのにいい加減なエンディングは、観ていてとても可笑しかった。

このように、張愛玲は「海賊」の舞台を皮肉な筆づかいで描写し、陳腐な出し物として片付けている。魯迅がロシア歌劇団に共感してから二十年、白系ロシア人舞踊手も代替わりし、困窮する白系ロシア人層に対する中国知識人のシンパシーは変質していた。

ダンスホールと劇場との間

当時、プロのダンサーを養成する専門学校は、国際的に見てもロシア、フランスを除いては確立されておらず、大舞台に相応しいダンサーであるか否か、その基準は曖昧であった。舞踊興業の成功は、ダンサーがアカデミックに訓練されているかよりも、生来のスター性にかかっていた節がある。例えば一九三〇年代、ディアギレフのバレエ・リュスの後継、バレエ・リュス・ド・モンテカルロのプリマに抜擢されたニニ・テイラード（Nini Theilade、米、一九一五— ）は、スカウトまでの経歴を次のように回想している。

その頃、「リサイタル」といわれたものが流行っていて、一人でステージに立って全て私だけのプログラムを踊るの、それが私のスタートだった。そうして三年間、米国中を独り舞台で巡業していたのよ。（ゲラー&ゴールドファイン製作／監督二〇〇八）

ダンサーとしての評価の曖昧さは、次に挙げる上海の「舞女」たちの会話にも表れていよう。

甲：王淵、もったいないわ、何故あなたのような芸術の天才がダンスホールに埋もれているの？
私：芸術なら大衆化しなければ。ダンスホールに来る人だって人間でしょ。
乙：あなたはライシャム劇場でコンサートを開くべきよ。
私：ライシャム劇場？　どこ？　遠いの？(65)

これは上海の雑誌『万象』の「職業婦人特集」に投稿されたショーダンサー、王淵の体験談である。『万象』は淪陥期上海の厳しい規制の中で、「潤いのない生活を余儀なくされていた民衆に読み物と生活に必要な知識を提供した」

う。

雑誌であり、職業女性も関心を寄せた。[66] 投稿者、王淵については不詳だが、翌一九四五年四月にキャセイ・ホテルで開かれた崔承喜と張愛玲ら人気女流作家たちとの座談会に、ダンサー「王淵」が参加している。[67] 恐らく同一人物だろう。

王淵の一日はこんな具合だ。午前九時から、虹口ユダヤ地区舞踊学校でステップの練習。教師はパリのステージで踊っていたというユダヤ人である。家へ帰って休憩後、夜七時、「三輪車」でダンスホールへ出勤。バンドマンからの恋文を軽くあしらい、バンドとリハーサルを重ねる。お客がぞくぞくとやってきて、名刺を楽屋に送ってくる。ショーの直前、彼女はつぶやく。「観客が一人か二人しかいなく、全力で踊ってみせるわ」。今日フラダンスは踊らないのとひやかす客、君は人気女優「李麗華」（後述）に似ているねと褒める客、うちへ来ないかと誘う客たちをかわして、彼女は帰宅する。

東呉大学卒を自称する王淵は、誠実にレッスンに励み、ダンスホールでショー・ダンスを見せ、また文芸雑誌を読んで投稿する、知的な香りのするダンサーとして、自分を描いている。

ダンスホールで働く「舞女」は、一般にはチケット一枚につき客と一回踊るのが仕事であった。[68]「舞女」は映画や小説で華やかなダンスクイーンないしホステス、高級娼婦として登場する反面、落ち目の惨めなダンサー、困窮して身を落とした女として描かれることも少なくない。[69] だが、限りなく娼婦に近いダンサーもいる一方で、ライシャム劇場で踊るアーティストを目指すダンサーまで、「舞女」の実態はさまざまなグラデーションをなしていたかもしれない。そのような可能性を、王淵のエッセイは示している。

った者も少なくない。

帝国日本から来た舞踊家たち

一九三八年から終戦にかけて、多くの日本人舞踊家が大陸を慰問公演した。東北部が主であったが、上海に立ち寄った者も少なくない。

現代舞踊家・石井漠（一八八六―一九六二）は、一九二〇年代欧米公演の成功を経て、既に日本における舞踊家としての地位を確立していた。石井漠が率いる十名の慰問団は、一九三八年冬、東北部から武漢を回って上海へ至った。まずは上海の歌舞伎座で、駐留する日本軍のために公演を行った。海軍特別陸戦隊の兵隊たちが「大陸の花とも云ふべき世界的舞踊無論日本を代表してのナンバーワン石井漠一行」の舞踊を見た感想は、「日本精神が溢れて居る様に見へた」、「熱と意気を以てやってもらった芸術慰問は実際に我々の気持ちを静め、真実に銃後の熱意と覚悟とを認識されて呉れたと思ふ」とおおむね好評であった。いっぽうで「こんなことを申してはなはだ失礼ですが、我々に見せて戴く舞踊は今少し一般人向の通俗的な舞踊を見せて戴く方が判り良くて、又面白いことと存じます」、「もう少し「エロチック」の方が希望してゐる模様」等、内容が高尚過ぎるという意見もあった[70]。慰問のあと、漠一行は一般向けにも公演した。これには外国人記者およびドイツ、イタリアの領事館員を大勢招待したという。さらに、英国婦人会から共同租界での追加公演を依頼されるほどの好評ぶりであった。

宝塚少女歌劇団は、欧州公演の帰途、一九三九年三月に上海に降り立ち、慰問放送等を行っている。高田せい子は、同年七月中旬に上海で一般向けの新作舞踊公演を行っている。このころ、呉暁邦はまだ上海にいたはずであるが、彼は師事した高田の公演について自伝で言及しておらず、助力したのか否かは定かでない。

一九四〇年代、「半島の舞姫」・崔承喜も上海で慰問公演を行っている（第二章）。欧米巡業で成功をおさめた崔承喜は、帝国日本の「同胞」の名目で日本文化を顕示することに貢献しつつ、実質は朝鮮民族の文化をアピールするという戦略をとった[71]。だが戦後彼女は、帝国主義的舞踊文化を無批判に受容したと、母国から批判されることになる。

張愛玲の観た東宝舞踊隊

横文字を避ける時世に合わせ、日劇ダンシング・チームが改称した東宝舞踊隊は、一九四三年五月日本軍慰問を兼ね、上海の南京大戯院で初公演している。六月には同じく上海で映画『万紫千紅』（方沛霖監督、中華聯合製片股份公司、一九四三）に特別出演した。この映画は東宝歌舞団を華やかに出演させて呼び物としつつ、終盤に日中戦争によって生じた難民救済を訴えるという戦略をとっていた[72]。

このとき東宝舞踊隊公演を鑑賞し、感想を求められた人気スター李麗華（一九二四—二〇一七）は、以下のように答えている。

> レビューというとアメリカ的なものばかり想像していた私たちに日本のキモノの踊りだのフィリッピンやインドの踊りなどが出てきて驚いてしまいました。中国でもああして自分の国のレビューを作りたいと思ひました。私たちの、中国の舞踊隊を作りたいわ。（「東宝舞踊隊の印象　李麗華に訊く」一九四三年四月三日「大陸新報」）

好意的コメントを要求する日本の新聞のインタビューに対し、李麗華は広くアジアの舞踊を取り入れたことを高く評価するという方法で応じている。

張愛玲は上述の「談跳舞」で東宝舞踊隊に言及した際、李麗華と同様に、米国から取り入れたラインダンスには感心せず、日本的な舞踊を評価するような口ぶりである。

東宝舞踊隊と言えば、ショートパンツの踊り子たちがハート形の小さな帽子を斜にかぶっている広告を連想するだろう。しかし彼女たちの西洋風のダンスはワンパターンで、いつもずらりと腕を組んでまっすぐ立つと、いっせいに右を見て膝を曲げ、足をふり上げ、ジャンとシンバルが鳴りひびくと、向きを変えて同じ動作を繰り返す。退場して衣装を替えては、また同じ動きを見せる。西洋風のプログラムが多いのは、中国人観衆に受けるからだという。私は彼女たちが自分たちの踊りを踊るのだけは好きだ。或る公演では全員があでやかな和服を着て勢ぞろいし、ちょこちょこと前進し、そろって頭を左右に振り、そのゆらゆらする首はまるで作り物のよう、玩具の「布人形」のようだ。〔中略〕

東宝舞踊隊にはその他にも印象深い舞踊がある。「獅子と蝶」といって、舞台上の獅子は人が演じているのだから、もちろんリアルではない。……冒頭では、山奥で蝶たちが踊るなか獅子が二頭正座している。ドラと太鼓の音を合図に獅子が首すじと尻尾の毛を揺すって立ち上がると、確かに獅子が現れたような迫力があり、蝶たちは驚いて散っていく。夢幻のような不思議な光景で、華麗なだけに玩具のような恐しさがある。

「獅子と蝶」は歌舞伎の演目「春興鏡獅子《しゅんきょうかがみじし》」に由来する。張愛玲の筆は舞踊の描写に特化しており、支配者サイドの日本に対する感情を匂わせない。張愛玲は、前述の崔承喜との座談会でも、崔と言葉を交わした形跡はない。彼女が崔承喜を語らなかったのは、それが政治的発言に通じるからであり、さらに言えば、崔に「大東亜」の文化大使を期待した日本当局に対する拒否を表すのではなかろうか。

小　結

上海租界は、多民族が集い多様な舞踊が繰り広げられたという意味で、国際的な舞踊文化のメッカであった。但し、中国におけるモダンダンスの受容という観点からすれば、上海で受容されたものがそのままそこで発展したのではない。上海が「孤島」に、そして全体が淪陥区となるにつれて、ここで培われたモダンダンスの一部は抗日舞踊という形で国統区に移動した。戴愛蓮が媒介した英国・ドイツ仕込みのモダンダンスは、香港から上海を飛ばして重慶に持ち込まれている（第五章）。上海バレエ・リュスが日本敗戦とともに解体したのとは対照的に、国民党統治区で呉たちによって養成された舞踊家たちが、建国後中国のバレエ及び現代舞踊を支えていく。体制側のダンスが劇場に収まった一方で、抗日プロパガンダを載せたダンスは劇場を抜け出し、地方の野外や即席の劇場で上演されて行くのである。

第二節　国語教育とレビューの間：黎錦暉と明月歌舞団

はじめに

黎錦暉（一八九一―一九六七、図2）は、魯迅がそのヒット曲「毛毛雨」を嫌ったことで知られるように、文芸界で最も活躍した一九三〇年前後において、既に「ポルノグラフィックな音楽〈黄色音楽〉」[73]といった批判が多かった。そのために文化大革命期には批判大会でつるし上げられ、既に老齢であった彼は心臓発作で亡くなった。[74]二一世紀に

図2　黎錦暉と徐来（女優。1929—1934 黎錦暉の妻）1930年10月28日『北洋画報』第十一巻第五四三期

入ってから、黎錦暉を中国流行音楽史上の最重要人物と位置付けたアンドリュー・ジョーンズ、西村正男を始めとして、特に国外で再評価が進み[75]、近年では中国でも「中国近現代音楽舞踊史上の重要人物[76]」と認められるようになった。近著としては文碩（二〇一二）が中国のミュージカル受容史という視点から、黎錦暉に一章を割いている。しかし、彼の国語教育と舞踊との関連性に焦点を当てた研究は未だ皆無である。

舞踊興行師としての黎錦暉の活躍は抗日期には終わっていた。それにも拘らず、本書で彼とモダンダンスとの関わりを取り上げる理由は、彼がその初期に児童教育と結びつけたダンスを推進しており、それがダルクローズ、ダンカン、石井漠、さらに呉暁邦の舞踊教育の姿勢に通じるからである。その点に着目しつつ、以下、黎錦暉の一九二〇—三〇年代の活動について考察する。

一、黎錦暉の教員時代

黎錦暉の初期の経歴を簡単に紹介しておく[77]。彼は一八九一年湖南省湘潭の清朝官僚の家の次男に生まれた。兄弟八人は長じてそれぞれ文芸界、教育界等で名を成しており、「湘潭八駿」と並び称されている。黎錦暉は近代的学堂である湘潭初級中学を経て一九〇九年湖南優級師範学堂に進学した。

辛亥革命のあと黎錦暉は友人の紹介で北京へ上り、一九一四年、衆議院秘書長書記となったが、袁世凱が国会を解散したため故郷に帰り、宏文社という出版社で働いていた。その傍ら、地元の学校の音楽教員が突如辞職してしまったため、湖南省教育会の単級師範訓練所から請われて楽歌教員をつとめた[78]。学生に分かりやすいように、解説は長沙方言で、歌は北京語音で教えたという[79]。

音楽教員になった黎錦暉の音楽の素養はいかほどのものだったのだろう。彼は幼いころから古琴等様々な民族楽器に触れ、昆曲、湘劇〈湖南で明代から発展した地方劇〉を口ずさみ、漢劇〈湖北の伝統劇〉、花鼓戯〈伝統劇の一種で、湖南が代表的〉を演じてきた。長兄の黎錦熙（一八九〇―一九七八、言語学者）によれば、黎錦暉の作曲した「葡萄の精〈葡萄仙子〉」（一九二二）や「月明之夜」（一九二三）等の児童劇の音楽には、伝統音楽の名残があるという[80]。湘潭初級中学では「楽歌」の授業があり、黎錦暉はそこで西洋音楽理論の初歩を学び、アコーディオンを弾けるようになった。従って、彼は良家の子女としての伝統音楽の素養と、アカデミックな西洋音楽教育の初歩を学び、音楽教員になったといえる。

一九一六年国会が回復したため彼は北京に戻り、また秘書庁で働きはじめるが、仕事が少なかったため中学教員を兼務した。ここでは方言で歌を教えるのは歓迎されず、音楽ではなく国文や図画、歴史などを教えた。その後、教育部教科書特約編纂員として兄・黎錦熙のもとで普通語〈標準語〉の推進運動、「国語運動」に参加し、国語教材の編纂に尽力した。

ここで、中華民国初期の国語教育について簡単に整理しておく[81]。一九一二年七月臨時教育会議で「国語」という名称が承認され、国語を全国に普及させることが決定した。一九一七年二月、北京の著名な学者たちが、「国語研究会」を立ち上げ、ドイツへ断続的に留学した北京大学校長・蔡元培（一八六八―一九四〇、革命家、教育家）が会長となる。翌一九一八年一一月、政府教育部は注音字母を正式に公布した。こうした民国期の国語運動の実務に従事したことが、黎錦暉の大衆受けする音楽活動にとって大きな契機となった。北京ではしばしば兄とともに京劇を鑑賞し、歌詞を書きとっては教材に使ったという。(82)

同時期、蔡元培を会長として、北京大学の課外サークル音楽研究会が成立した。彼は情操教育として課外活動を重視し、体育会、音楽会、書道研究会、また社会主義研究会等の学生組織を支持した。(83)音楽研究会は課外活動といっても理論講義と実技指導を受けられる教育機関としての機能があり、一九二二年には音楽伝習所に格上げとなった。音楽研究会では古琴、琵琶、昆曲、バイオリン、ピアノの授業と、和声と楽典の授業があった。(84)黎錦暉はこのサークルのメンバーとして、民間の糸竹音楽を収集、整理し演奏する瀟湘楽グループの長となった。(85)黎錦暉がバイオリンを弾けるようになったのは、恐らくこの時であろう。蔡元培との出会いと音楽研究会での経験が、その後の黎錦暉に大きな影響を与えた。

二、蔡元培の美育思想と黎錦暉

黎錦暉は一九一〇年代半ばより、上述の「国語運動」を通じて、北京の学者による国語研究会の会長・蔡元培を知っていたと思われる。さらに一九二〇年前後、湖南省は軍閥政権が代わったことに伴って思想界に活気が溢れ、湖南省教育会は蔡元培の講演会を数回開催した。(86)この湖南省教育会を通じて、蔡元培と黎錦暉の関係は強まった可能性が高い。

蔡元培は教育総長となった際、軍国民教育、実利教育、公民道徳教育、世界観〈思想〉教育、美感教育を教育の柱として打ち出した。彼はさらにこれを教育の「三育」〈徳育・知育・体育〉に即して、「軍国民主義は体育に、実利主義は知育に、公民道徳と美育は徳育にかかわり、世界観は三者を統合する働きを持つもの」（「対于教育方針之意見」一九一二年[87]）と述べている。学校教育での科目を当てはめると、「国語」は実利、美観、徳育、軍国民教育、世界観のすべてを含み、「唱歌」「遊戯」「普通体操」は美育に相当する[88]。

蔡元培の美感教育、すなわち美育に対する思い入れは強く、芸術にかかる教育の領域だけでなく美的育児環境、音楽会、劇場など社会教育の機関の充実を構想していたという[89]。

黎錦暉は国語の標準音習得の現場に立ち、標準語を唱歌という美育の方法を通して習得する方法を編み出す。それが美育としての身体運動へ、また劇場でのパフォーマンスへ向かっていったところまでは、社会環境のレベルでの美感・情操を育む改革を目指した蔡元培の構想に重なると考えられるのではないか。

三、黎錦暉の発音矯正法

一九二一年黎錦暉は中華書局の招きで上海へ行き、歌詞に音を表す注音符号をつけた小学国語教科書（陸衣言と共編『新教育教科書　国音課本』一九二二）を作る。彼は、「「国語」の言葉の音節の強弱と四つの声調は音律で表現できることを発見し、歌を「国語」を教える補助とするアイデアを思い付き[90]」、それを広めるために教科書を出したのである。並行して児童向け読み物『小朋友』週刊を主編（—一九二七）、創作歌舞劇を連載した。同時期、教育部国語読音統一会による上海国語専修学校の教務主任となった。これに先立ち、彼は実験的に国語宣伝隊を組織し、宝山、松江、蘇州、無錫などを回った。宣伝隊のパフォーマンスは次のように構成されていた[91]。

（一）黎錦暉の娘、黎明暉（当時一二歳）が、黎錦暉のバイオリン伴奏により、標準語で歌を歌う。
（二）小学校での国語教育の大切さを講演し、質疑応答する。
（三）観客が自由に白話文を書き、その標準語発音を黎錦暉がバイオリンで弾く。
黎明暉は文を見ずに、黎錦暉のバイオリンを聴音し、まず注音字母で黒板に書いて見せる。続いて明暉はその注音字母から、観客が書いた文を当てる。

（三）の「琴語」ショーは観衆に大いに受けたという。このショーは、黎錦暉、明暉父娘がともに相対音感を獲得していたことを示している。こうした経験から国語を学ぶには唱歌から始めるのが最適だという確信を得て[92]、彼は児童音楽劇教育に入っていった。

一九二一年、中華書局は社員サークル「同人進徳会」を作り、黎錦暉がこの会の新劇団団長に推薦された[93]。これに乗じて彼は伝統的な横笛、縦笛、二胡、琵琶などとバイオリンからなる楽隊を結成した。楽隊は上海の学校や団体から呼ばれて伴奏や演奏を行い、次いで上述の国語専修学校の児童たちを率いて児童歌舞劇の上演を行うようになった。このころから活動団体名として「明月音楽会」を名乗っている[94]。この歌舞劇は、簡単な話の筋を短い歌、技術を要しない踊りで表現していくものであった。

この時点で黎錦暉はダンスの振付を始めたはずである。彼は初期の児童歌舞劇「葡萄の精」について「最新流行のダンスの中の一部の簡単な動作を各場面に配した」と述べている様に[95]、彼が上演した児童歌舞劇のダンスは、上海の劇場で見た西洋舞踊を見よう見まねで振り付けたものに過ぎなかった。黎錦暉は上海にやってきたデニショーン舞踊団、イルマ・ダンカン舞踊団の巡業公演、地元上海の白系ロシアのアマチュア劇団の公演などを観ている[96]。ただ、前節で挙げたニニ・テイラードの証言に類似して、一九三〇年代後半上海バレエ・リュスの活動が盛んになるまで、こうしたバレエ風の興業が成り立っていたらしい。黎錦暉によるステージ（図3、4）、と詳細不明の団体によるダンス・ショー（図5）は手足の基本的なポジションが定まっていない点で似通っている。また同じ演目の中でも役柄によって中国古典舞踊風に踊らせたり、バレエ風に踊らせたりした[97]。もっとも、その表現や技巧が寄せ集めであったにしても、当時の中国においては画期的な試みであった[98]。

一九二七年二月、黎錦暉は中華歌舞専科学校（通称：中華歌専）を上海に創設した。これは曲がりなりにも、歌って踊れる人材を養成するための初の近代的な教育機関であった。黎錦暉が音楽理論を教え、白系ロシア人のマーソフ夫人〈原文「馬索夫」、未詳〉が「白鳥の踊り」、「スペイン舞踊」などを教え、唐槐秋（一八九八―一九五四　俳優、舞台監督）が社交ダンスを、女子体操学校を卒業した魏縈波[99]が舞踊を教えたという[100]。

中華歌舞専科学校は経済的問題で閉校したが、黎錦暉は早くも翌一九二八年には「中華歌専」の学生たちを吸収しつつ美美女校を創設した。後に人気女優となる王人美（一九一四―八七[101]）、黎莉莉（一九一五―二〇〇五[102]）、薛玲仙（一九一二―四四[103]）が歌舞クラスに入り、人美の兄でバイオリニストの王人芸は楽隊に加わっている。美美女校は当初から南洋巡回公演のための短期集中スクールといった位置づけで、巡業によって学生に場数を踏ませるとともに、その資金で中華歌舞専科学校の再建を目論んでいたのだった[104]。こうした目的のためか美美女校は授業料無料で、賄い付き寄宿学校だった。

王人美の次兄、王人路は一九二六年頃黎錦暉と中華書局の同僚であった。王人路が一三、四歳だった人芸と人美を美美女校へ入学させたのは、黎錦暉の目指すレビューの構想をある程度理解していたからであろう。

王人美はここでのレッスンについて、次のように述懐している[105]。

図3　黎錦暉「三胡蝶」1929
左より趙子華、黎莉莉、王人美。
（王人美2011、44頁所収）

図4　黎錦暉「雀と子ども（麻雀与小孩）」1929
左より、胡暁静、胡茹、王潤琴
（黎錦暉1982、110頁所収）

図5　デ・ルーカ・バレエ（不詳）の「或る夏の朝（A Summer's Morning）」
於・ライシャム劇場（1936年3月2日 Shanghai Daily News）

割りと印象が強いのは魏縈波という女性の舞踊教師で、彼女は私たちに毎日レッスンしました。レッスンの時はダンスシューズを履かなければなりません。当時のダンスシューズは略式で、ゴム底に楕円形の履き口の白い布靴で、自分で二本の白いリボンを縫い付け、足首に巻き付けて靴が脱げないようにするもので、見たところちょっと今のトウシューズに似ていました。レッスンは複雑ではなく、一番難しいのは後ろカンブレ〈弓なりに反る〉のと開脚一文字、つまり今でいうスプリッツです。……私の印象では美美女校は専門の先生が少なくて、私たちを教えてくれたのは小先生でした。小先生とは中華歌舞専門学校の学生のことです。

魏縈波が中華歌舞専科学校に引き続き美美女校でも教えており、基礎訓練としてストレッチを徹底していたことが分かる。

黎錦暉は兼ねてからの予定通り美美女校を短期で閉校すると、自ら団長となり「中華歌舞団」を組織して香港、シンガポール、マカオ、ジャカルタ公演を行った。公演自体は成功であったが、南洋に残りたい者が出て組織が解体してしまう。[106]黎錦暉は一九二九年上海に戻り、明月歌舞団を設立して中華歌舞団メンバーを呼び戻した。翌年から明月歌舞団（図6）は北平、天津、大連、ハルビンなどを巡業した。『北洋画報』によれば、[107]この団体の横文字名はドイツ語で「Mingyeoh Musikverein」と称していたらしい。ここに北京大学音楽研究会時代の蔡元培の影響が見出せるのではないか。そのころには、王人美、黎莉莉、薛玲仙、また北京で加わった胡茄は「四大天王」と並び称される人気俳優となっていた。

一九三一年初め、映画会社である聯華影業公司が、明月歌舞団を傘下の音楽歌舞班として吸収した。聯華影業公司

図6　明月歌舞団団員集合写真、1930年10月28日『北洋画報』第十一巻第五四三期

音楽歌舞学校名義にて上海で練習生を募集した際には、現在の中国の国歌「義勇軍行進曲」の作曲者として知られる聶耳、また後のスター女優・周璇が合格している。

当時上海に住んでいた魯迅は、一九三一年六月一二日の日記に、聯華歌舞班の歌舞をオデオン劇場へ観に行ったが、終了前に退席したと記している[108]。同年一〇月二八日のエッセイ「滓が浮いた〈沈滓的泛起〉[109]」では、聯華歌舞班『申報』広告をまくらに王人美、黎莉莉、薛玲仙を名指しで酷評した[110]。

魯迅はいったいどのような公演を観、どのような広告を見ながら聯華歌舞班に対して厳しい批判を書いたのだろうか。まず、一九三一年六月一二日オデオン劇場で聯華歌舞班が出演したのは、「聯華影業公司音楽歌舞大会」（図7）である。本コンサートの新聞広告では「標準国語の推進」、「社会教育の補助」等を謳っている。魯迅は黎家の八兄弟のうち錦熙と錦明（一九〇七―九九、作家）とは親交があり、錦明の小説はある程度評価していたから[111]、彼らの兄弟である錦暉の開催する歌舞にある程度期待を抱いて観に行ったものと考えられる。演目のうち黎錦暉の作品と特定できるのは、プログラム第五番の一幕歌劇「小利達の死（小利達之死）[112]」（一九二八）とプログラム第六番、芸術性に定評のある滑稽歌劇「小さな画家（小小画家）[113]」（一九二八）であり、前者には王人美、黎莉莉、薛玲仙が、後者には王人美、黎莉莉が出演している。出し物はプログラム第七番までしかなく、こ

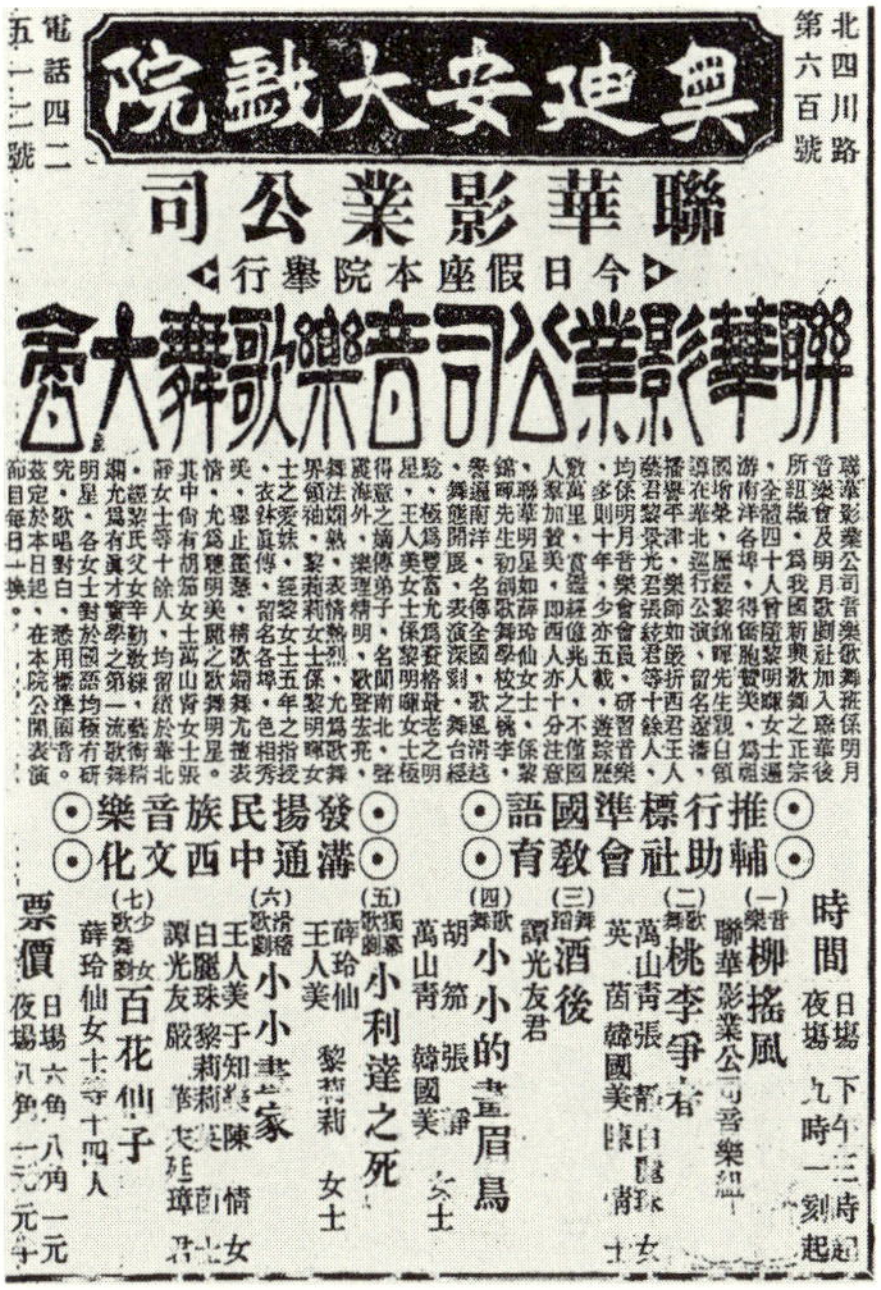

図7　『申報』1931年6月11日

図8　『申報』1931年10月28日

の順番通りに上演されたとすれば、黎錦暉の作品上演は終盤である。魯迅は黎錦暉の歌舞劇まで観ずに帰ってしまった可能性もある。

同一九三一年九月一八日柳条湖事件が起き、続いて日本軍は東三省を占領した。聯華歌舞班もそれまでの宣伝文句を大分変えることになった。一九三一年一〇月二八日から上海のゴールデン・シアターで行われた聯華同人救国団の活動費のためのコンサート広告は、魯迅の次の文章に多く引かれている。(114) 図8と対照させるために、中国語原文を先に引用する。

至于真的〝国難声中的興奮剤〟呢、那是〝愛国歌舞表演〟、自己説、〝是民族性的活躍、是歌舞界的精髄、促進同胞的努力、達到最後的勝利〟的。倘有知道這立奏奇功的大明星是誰么？曰：王人美、黎莉莉、薛玲仙。(115)〈傍線は星野による。一重線は広告内の言葉の引用、二重線は広告にあるプログラムの演目。〉

〈本物の「国難の声の中の興奮剤」となれば、それは「愛国歌舞公演」であり、自ら称するに「民族性の躍動であり、歌舞界の精髄であり、同法の努力を促進し、最後の勝利に達する」のだという。この功績を打ち立てる大スターは誰か知っているものはいるであろうか。いわく、王人美、黎莉莉、薛玲仙だ。〉

魯迅はこの文章の結論部で、「〝国難の声〟〝和平の声〟に乗じて利益をもっと自分の手中に搾り取ろうとしているだけに過ぎない」と批判している。注目したいのは、魯迅が広告の言葉を複数取り上げただけでなく、プログラムの黎錦暉振付の演目を選んで抜き出し、引用していることだ。魯迅は広告を傍らに置いて見ながらこれを書いていたと考えられる。広告の「歌舞界の猛進する精髄！」の隣には、「その誉れと芸術は東方のジーグフェルド(116)の名に恥じぬ」

とあり、それに対応して大腿を露わに腰と肩を「反対方向に引っ張った」(117)ジーグフェルド・ウォーク風のポーズをとるショー・ガールの挿絵がある。彼女の右側には黎莉莉の似顔絵が添えられ、左側には「聯華影業公司音楽歌舞団（明月歌劇社）」の字が並ぶ。こうした「国難の声」と釣り合わない蠱惑的なイラストが、魯迅の上述の言葉を喚起したのである。また、この広告から、聯華歌舞班の路線が娯楽に傾いていたことがうかがわれる。

時局の変化により、「歌舞」の人気は落ちて行った。翌一九三二年聯華影業公司が営業縮小のため歌舞団の活動を停止したため、黎錦暉は再度、明月歌舞社の名称を立てる。一九三三年、黎錦暉は活動をダンスホール音楽に転向して小型のバンドを組織し、ジャズと中国民俗音楽、戯曲音楽をダンスホールで演奏する等の活動を行った。一九三六年五月、明月歌劇団は解体した。

その後の黎錦暉の動向について、抗日期のみ簡単に追っておく。黎錦暉は長沙に帰り、中華平民教育促進会で、平民教育を推進する教材「郷村小学国語教科書」を編纂した。一九三八年には江西省政府の要請に応えて、抗日宣伝のため南昌へ向かっている。これは呉暁邦が移動演劇隊とともに南昌へ行った時期と重なっている可能性があるが、両者が出会ったか今のところ不明である。続いて黎錦暉は重慶に向かい、『抗建通俗画刊』等の編集に従事したり、郭沫若の歴史劇『虎符』のため作曲したりしている。一九四〇年からは同地の中国電影制片廠で編導委員を勤めており、戴愛蓮、呉暁邦が同時期に滞在した可能性がある。

小　結

以上みてきた通り、黎錦暉の初等教育における標準語普及活動が童謡、児童劇創作、児童の身体訓練に発展し、さらに大衆に受ける流行音楽、ステージ・ショーに至ったのが明月歌舞団であった。黎錦暉が華やかなステージ・マネージャーから平民教育家になり、抗日宣伝に従事したのは、思想的な転換や転身ではなく、本来の目的と持ち場に戻ったに過ぎない。

日本の日劇ダンシングチーム（東宝舞踊隊）が戦況が厳しくなる一九四四年二月まで公演を続けることが出来たのに対し[118]、明月歌舞団は日中戦争勃発を待たずして早々につぶれた。それは、急激な抗日意識の高まりだけでなく、黎錦暉が女性の近代的な身体の訓練方法を知らず――蔡元培を通じて若干の知識としては持っていたかもしれないが――適切な指導者を恒常的にそろえられなかったからではなかろうか。明月歌舞団の舞踊は、厳しく叩き込まれたバレエ・ステップ等に基づくものではなく、むろん内面の表現でもない。ただし、米国のレビュー文化の受容という点では、日本のそれともリンクしており、頓挫しなければほぼ同時進行で発展した可能性があった。付随的に、ここで教育された女優達は、十代で培った身体の柔軟性を先ずはサイレント映画で発揮し、続いては正しく指導された標準語をもって[119]、トーキー時代の即戦力になっていく。

第二章　「日本人」であった舞踊家たち

はじめに

本稿は、戦時日本の植民地であった台湾の舞踊家、蔡瑞月、李彩娥にスポットを当て、朝鮮の舞踊家崔承喜の台湾舞踊家への影響をからめて、彼らが戦時下で踊った意味を考察する。三人の舞踊家は、いずれも日本人舞踊家石井漠（一八八六―一九六二）の弟子であったという共通点がある。崔承喜は石井漠門下でいち早く名を上げ、「日本一」[120]と称された舞踊家であっただけでなく、植民地朝鮮出身であったことからその存在は台湾の文芸従事者たちに大きな意味を持っていた。この三者の日中戦争期における舞踊のトピックを踏まえた上で、戦後、彼女たちが故郷で舞踊を広めるに当たり、戦時期の動向がどのように影響を及ぼしたかにも触れる。

崔承喜の先行研究は、長らく越北芸術家研究がタブーだったブランクがありながら、なお韓国に一番の蓄積がある。ただ筆者にはハングルの素養がないため、李賢畯（二〇一一）の「日韓における崔承喜研究の概況」に沿ってまとめておく。韓国における崔承喜研究は一九八〇年代以降に始まり、舞踊学の見地から崔の創作舞踊の歴史的意義を研究したものが多く、昨今では文学、歴史、フェミニズムの分野からの見直しも進んでいるという。日本における研究は評伝の形式が多かったが、二一世紀に入って歴史的視点からの研究、また日本文学に登場する崔承喜像を扱う議論がなされつつある。朴祥美（二〇〇五）は、崔の舞踊には日本帝国主義者と朝鮮の民族主義者の二重の意味が与えられており、アメリカ公演ではそれらが「アジア文化」として統合され、評価されたと論じている。李賢晙（二〇一一）は、戦時中の日本画壇でしばしば描かれた崔承喜の絵に着目し、崔が民族的アピールを目的として民族舞踊の舞姿を依頼したのに対し、日本人画家たちは「〈アジア〉〈朝鮮〉を包括し〈日本〉を頂点とするイメージ」で彼女を描いたと分析している。本章は、崔承喜舞踊にこうした二重の意味が含まれていたという主張を朴祥美、李賢晙両論文から引き継いだ上で、崔に対する台湾人のまなざしを考察しつつ台湾人舞踊家たちへの影響を検討する。

蔡瑞月、李彩娥については、今世紀に入って台湾での研究が盛んである。趙綺芳は伝記的かつ台湾の民族舞踊・創作舞踊の創始者として両者を評価し、陳雅萍は台湾における植民地近代の視点から、モダンダンスによる女性の身体の解放の例として両者を取り上げている。[121] 日本での研究は目下のところ皆無といってよく、紹介文に留まっている。[122] 一方、蔡氏がわずか二年間の結婚生活を送った詩人雷石楡（一九一一―一九九六）[123]については、彼が日本に留学し、日本語で詩作し大正日本文壇に関わったことから、近年、日本での研究は少なくない。[124] しかしそれらの主眼は雷石楡文学研究にあり、また雷は台湾から大陸へ強制送還されたあと中国の妻と添い遂げ、さらに日本文壇で関わった女性もいたためか、雷石楡研究の中で妻・蔡瑞月への言及はほぼなかった。李彩娥についてはYoshida Yukihiko（二〇一一）が石井漠と李彩娥との師弟関係について紹介しているが、同論文の主旨は一九四〇（昭和一五）年九月「皇紀二千六百年奉祝芸能祭」（後述）での創作舞踊を検討するところにあり、植民地台湾の舞踊家を扱うという視座ではない。

比較研究としては、Faye Yuan Kleeman（二〇一四）は崔承喜と蔡瑞月の戦中戦後の舞踊家としての活動を取り上げ、帝国日本下では一定の主体性を保持していたのに対し、脱植民後の祖国では抑圧の犠牲となっていった両者の類似性を論証している。本論はKleemanの主張を継承しつつ、蔡瑞月の戦時中の活動を補充し、李彩娥のたどった異なる道程を加えることによって、さらにこの三者の位置づけを明白にしたい。

一、石井漠舞踊研究所

石井漠について、その初期の舞踊修行と、本章で扱う舞踊家たちを育てた舞踊研究所を設立するまでを簡単に紹介しておく。[125] 石井漠は秋田県出身、秋田藩士の家系で酒造業を営む家に生まれた。一九〇九年、作曲家を志して上京するが、文学に転じ小杉天外らの書生をつとめる。それでも音楽の夢を捨てきれず、帝国劇場管弦楽団を受けて合格、バイオリン研究生になった。貸与されたバイオリンを質に入れたことがもとで辞めさせられるが、懲りずに今度は同じ帝劇の歌劇部の第一期生に応募して合格、歌劇部員に採用され、バレエ、日本舞踊などを習い始めた。バレエの指導者はイタリア人のジョバンニ・ベットリオ・ローシーで、彼はディアギレフのバレエ・リュスのダンサーであったエンリコ・チェケッティの弟子であり、正統なクラシック・バレエの技術を受け継いでいたという。石井漠はローシーの厳しいレッスンと、クラシック・バレエの型に反発して暴力沙汰を起こし、帝劇を再び辞めさせられたが、翌一九一六年には「舞踊詩」と銘打ったダンスのソロ公演を行った。漠の創作する舞踊は当初酷評もされたが、山田耕筰や小山内薫らの支持を得て、紆余曲折のすえ独自の境地を開いた。石井漠のモダンダンス史における特異性について、山野博大は欧米のモダンダンス史を踏まえて次のように述べる。

その世界的な舞踊革新の動きに、一九一六年（大五）に東洋で開花した石井漠の日本の現代舞踊も加えるべきだと私は思う。彼は、ダンカンやディアギレフの考え方に触発されたとは思うが、それを真似したわけではない[126]。山野が指摘するように石井漠はラバンやヴィグマンと同年代であり、モダンダンスの模索を欧米とほぼ同時期に始めていたのである。

一九二二―二五年、石井漠は舞踊のパートナー石井小浪を伴い独仏、東欧、米国を巡業し、バレエ・リュスのニジンスキーと並び称されるほど高く評価され、日本を代表する現代舞踊家としてその地位を確立した。この間、漠はドイツのエミール・ジャック＝ダルクローズ[127]研究所で断続的にリトミック（リズム運動）を学んでいる。同時期、ベルリン遊学中であった音楽教育家・小林宗作《そうさく》[128]は石井漠と知り合い、リトミック理論の習得を勧められ、ダルクローズおよびその弟子のルドルフ・ボーデ（一八八一―一九七〇）等にリトミックを一年間学んだという[129]。小林は帰国後、漠の舞踊学校に講師として招聘されることになる。

帰国後一九二五年、石井漠は現在の武蔵境に石井漠舞踊研究所を開いた。その門下では、「石井」を襲名する郁子、みどり、カンナら、戦後日本の舞踊界を担う人材が育っていく。二八年には弟子が増えたため、現在の自由が丘にさらに大きなスタジオを建てて移転した。武蔵境の舞踊学校はダンス教室といった規模であったが、自由が丘の方は舞踊専門学校を目指し、上述の小林宗作、漫談家として話術を教える徳川夢声ら講師をそろえ、幼稚部から高等部まで設置した。ここに崔承喜など朝鮮、そして台湾出身の舞踊家が入門するようになった。石井漠の長男・石井歓は、「石井漠舞踊団が多くの優秀な舞踊家を輩出したのもこの時期である。台湾で有名になった季《ママ》彩娥、雀《ママ》瑞月をはじめ大野和男、武内正雄、石井みどり、大野弘史、寒水多久茂…〈以下十四名〉…などが出ている[130]」と回顧している。

なぜ現代舞踊家の中でも石井漠門下に朝鮮人、台湾人が少なくなかったのであろうか。同時代、否応なしに日本を介して文学・音楽・美術界の近代空間を体験せざるを得なかった朝鮮人、台湾人にとって、モダンダンスもまたその表現に内面と思想性を載せるために獲得すべき芸術の一つであった。[131] 現代舞踊家としてはいち早く朝鮮、台湾での巡業を始めた石井漠が、その獲得のための足掛かりになったと考えられる。次の段階として、石井門下生の中でも早期に弟子入りした朝鮮の崔承喜が、一九三〇年代には日本の舞踊界のスターになっていたことが、植民地出身の舞踊家志望者たちが増えた要因として挙げられる。

二、「日本一」の舞踊家・崔承喜

崔承喜（一九一一―一九六九）[132]は石井漠の弟子の中で、戦時中より国内外で最も高く評価されていた。彼女は一九二六年石井漠の京城公演をきっかけに、兄の勧めにより東京で石井漠に入門した。渡日して間もなく大正天皇が崩御した際、崔承喜は「日本の天皇さんを拝む気持ちにはどうしてもなれません」と、その柩の見送りを拒否したという。これについて石井漠は、「この一時により崔承喜を芸術家に育て挙げることについて、何かしら重い責務を感ぜずにはいられないような気持になった」と回顧している。[133] 彼女は石井漠のアドバイスで朝鮮の舞踊を現代舞踊に取り入れ、一九三四年に第一回ソロ公演を催して以来、民族的な舞踊が熱狂的に歓迎された。作家・川端康成は踊り子〈大衆娯楽の芸人〉や舞踊家を多く小説、エッセイに書いたことで知られているが、[134] 彼も崔承喜の朝鮮の舞踊を高く評価していた一人である。

肉体の生活力を彼女ほど舞台に生かす舞踊家は二人と見られない。しかし〈「新舞踊創作」を踊る崔承喜は〉

未完成の情熱である。…〈星野略、以下同様〉…朝鮮舞踊になると、彼女は別人のように易達《ママ》で、自由で、器用で、楽々と私たちをとらへる。……崔承喜の朝鮮舞踊は、日本の洋舞踊家への民族の伝統に根ざす強さを教へてゐるとみることが出来る。（川端康成「朝鮮の崔承喜」[135]）

川端康成は、イサドラ・ダンカン、エミール・ジャック＝ダルクローズ、セルゲイ・ディアギレフのバレエ・リュスといった欧米におけるモダンダンスの系譜を素養として持っており、それを踏まえて崔承喜の舞踊を鑑賞していた[136]。彼の目には、一九三四年の崔承喜の創作モダンダンスは「未完成の情熱」と映っていた。

　二年後の一九三六年、日本統治期台湾における最大規模の文芸組織、台湾文芸聯盟の東京支部（一九三五年一月発足[137]）に所属していた東京帝国大学英文科学生・曾石火（一九〇九―四〇[138]）は、崔承喜の舞踊を鑑賞した翌日、次の様に記している。

　六月十日、日比谷に石井漠氏の門下生、所謂漠門七人会の謝恩舞踊会があって、私は支部の人たちとともにそれを見に出かけた。……

　崔承喜は、まづ半島風の逞しい気魄を以て肉体の処置を図った。朝鮮風のデュエットに於けるあのロマネスクな媚笑さへも、殆ど観客の方へは流れてこない。すべての精気が肉体の一点に凝って本能的な発散を遮蔽し、少しの無駄もなく、いささかのそつもないその動作には、苟且の一節にも渾身の気魄の籠ってゐないものはない。私は敢へて精神的なとは云はない。しかしそこには、厳正に肉体を統制してゐる強い意欲がある。肉体を超克した精神の冷澈《ママ》さはないが、余分な華やかさを付ける計算の狂ひもない。（曾石火「舞踊と文学＝崔承喜を迎へて＝」[139]）

「敢へて精神的なとは云はない」と述べつつ、曾石火は崔承喜の踊る肉体から、本能的なエネルギーの表出ではなく意思によって厳正にコントロールされた表現を読みとっている。また右の文章より、台湾文芸聯盟東京支部に集った台湾人留学生たちがそろって崔承喜の舞踊を観に行ったことが分かる。同じく東京支部にいた青山学院英文科学生・呉天賞（一九〇九—四七）のエッセイからは、彼が崔承喜の舞踊をしばしば鑑賞し、彼女の舞踊談義にも臨席していたことが分かる。


　崔承喜の素晴らしい肉体の律動を通じて我々に迫るものは何んで《ママ》あらうか私は解明することは出来ない。……私は崔承喜の舞踊を観るたびに何時もその芸術の力に圧し潰されて、やたらに嘆声を洩らす外はない。……

　崔承喜の日常の姿に私は余り驚かない。崔承喜は普段人に会っても非常に熱心に芸のことを語り、絶えず周囲の人から何かを学ばうとしてゐるやうである。崔承喜が自分の舞踊について語る時は、私は何時も崔承喜の舞踊の将来は観念倒れになりはしないかと懸念してみるのだが、一度その舞台姿に接すると私は限りなく惨めになるのである。崔承喜自身は自分の舞踊に対して不満もあり、また自分の世界を無限に進化展開していく理想に自らを鞭打ってゐることであらうが、私の見るところでは日本には崔承喜の天才に対して多少なりとも自らをみじめに感じない者はなからうと思ってゐる。

　崔承喜の偉大さは、一面に於いて、彼女を産んだ民族の鬱血した魂を舞踊芸術に託して表現し得たことにある。しかもそれが一脈の哀愁にのみ終わらずに、さうした民族の姿から美と力の形式を抽象しえたことに我々は畏怖の目を瞠るのである。（呉天賞「崔承喜の舞踊」[140]。傍点は星野による）

呉天賞の文章からは、川端康成と同様、彼も崔承喜を「日本一」の舞踊家と捉えていたことが分かる。もちろん、呉天賞にとってそれは川端とは異なる意味を持っていた。

同三六年七月、台湾文芸聯盟の呉坤煌が奔走して崔承喜を台湾公演に招聘した経緯は、下村作次郎（二〇〇八）が明らかにしている。台湾文芸聯盟『台湾文芸』[141]は同年八月第七、八合併号を実質「崔承喜特輯号」[142]とするほどの力の入れようであった。崔承喜関連の文章が並ぶ中、題目には崔承喜を謳っていない「台湾文学当面の諸問題　文聯東京支部座談会」においても、「台湾社会一般が芸術に対して、著しく認識不足ではないか。朝鮮はまるで、崔承喜によって存在を知られてゐる様です。台湾にも崔承喜を産むだけの芸術的環境が欲しいものだ」（劉捷、目白商業学校卒、一九一一―二〇〇四）という発言がある。この発言にもうかがわれる通り、今回の招聘は「台湾の崔承喜」育成のための第一歩であったに違いない。

こうした台湾文人の期待に応えて、崔承喜はラジオ放送で次のように述べている。

私のレパートリの中に入れてある朝鮮風の舞踊は、朝鮮民族の生活の中から、様々なモウティヴを拾ひ挙げて、そして朝鮮在来の妓生の舞ひの技巧を抽き出して来たり、西洋風舞踊の形式を採り入れたりして、一度自分で消化して後、そのモウティヴに最も忠実な表現を与へることによって創作したものでございます。

……

私は私の民族意識の上に、私のまづしい芸術の礎を積み重ねてきたやうなものでございますが、私の考へでは、私の建物は仲々天にとゞかないことでございませう。

一口に民族意識と申しましても、私はその中の悲惨な要素を沈潜させて美と力と、希望と反省の姿を抽象し具象することに心がけてをります。

私は存る世界を踏み台にして、存るべき世界を表現することによって皆様に訴へたく務めてをります。

台湾に参りまして、この男性的な暑さに焼かれ、野や山の強い緑を眺めますと、私はその烈しさと、自分の舞踊の中の烈しさを思ひ較べてみます。（崔承喜「私の舞踊について――ラヂオ放送の原稿――」[143]。傍点は原文のまま）

この引用で注目したい点が二つある。一つは崔承喜の舞踊創作における考え方である。イサドラ・ダンカンの舞踊表現が感情の無意識的な表出にとどまったのに対し、崔承喜は人間の精神の奥底にあるものを舞踊の形式によって意識的に把握し表現するという、モダンダンスの確立段階にまで至っている[144]。それは、上述の呉天賞も評した通りである。二つには、もしも引用の原文にある傍点が崔承喜自身により、何らかの裏の解釈を促すものだとすれば、「存る世界」――朝鮮も台湾も同様の日本植民下――を踏み台にして「存るべき世界」、植民状態から解放された世界を表現することによって台湾の観客に訴えたいと解釈できるのではないか。続く段落で台湾の自然の「烈しさ」を自分のそれと引き比べるくだりも、この比喩を裏付けている。

続く一九三七年から約三年間、崔承喜は欧米を巡業公演し、各地で高く評価された。崔自身は、朝鮮族の「日本人」としてのこの巡業を、「そのとき、私は被圧迫民族の芸術家として、つらい思いをしながら、各国公演を単身で回ったのでした[145]」と回顧している。それでも崔承喜は、西洋のオリエンタリズムに適合する「東洋」の魅力を効果的に演出したのであった[146]。朴祥美（二〇〇五）は、崔承喜に対する海外の賛辞が「多くの朝鮮人に民族的自尊心を抱かせた」いっぽうで、日本の批評家はそれを「同胞」への賛辞として捉え、「内地と朝鮮を文化的に接合しようとした」

と、崔承喜の対外的成功の持つ二重の意味を指摘している。(147)

当時、崔承喜の国際的な人気に乗じて、日本の文化界は彼女の舞踊を以て大東亜共栄圏を象徴させようとした。崔承喜は一九四三年一〇月と一九四五年四月、上海を中心に大陸で公演旅行を行っている。初公演は一九四三年九月、日本陸軍省の派遣による皇軍慰問のため、四名の門下生を連れて到着した。一般公演としての招聘は中華電影により、共同租界マジェスティック劇場で一〇日間公演し、中国人が大勢鑑賞した。(148)舞踊評論家光吉夏弥はこの上海公演を鑑賞し、次のように評している。

> 新しいアジアの舞踊を持つことは、いまや大東亜の建設に挺身するアジア諸民族の一つの忘れてならない課題だが、崔承喜の第一回中支公演が、中国の観客に何をもたらすであらうかは、われわれの期待してやまないものである。(「崔承喜の舞踊」一九四三年九月二九日『大陸新報』)

光吉はこのように、崔が中国の観客にアピールすることを期待した。

崔承喜が踊った演目としては王昭君を題材とした「明妃曲」、京劇の小丑を模した「天下大将軍」、「七夕の夜」等中国の観客を意識したものから、朝鮮民族舞踊に取材した「長鼓舞」日本の武士道を表現した「武魂」等があり、弟子たちの演目も合わせて中国、朝鮮、日本の伝統舞踊にモダンダンスを取り混ぜたプログラムであった。(149)日本の管理下にあった『申報』掲載の批評は、「衣装が明妃の身分を表しきれていない点は、特に改善する必要がある」等、舞踊の根幹に関わらない不足点を挙げているものの、「朝鮮舞踊、中国古典舞踊、西洋舞踊の集大成であり、独自の舞踊スタイルを創造したのは功績と言える」(注(149))と控えめに褒めている。

敗戦近い一九四五年四月にも崔承喜は北京、南京での日本軍慰問を経て、上海で慰問及び十日間の一般向け公演を行っている。その際中国海軍の軍服を着た中国人二、三十人がチケットを買わないまま乱入するという事件があった[150]。これは崔承喜の舞踊を観たかったためか、反対に妨害しようとしたのか不明である。ただ今回は、前年名古屋で客死した汪兆銘を記念して、二年前の上海公演で汪が崔承喜に送った布地で作った衣装をまとい、「汪先生の霊に捧ぐ」という演目が用意されていた[151]。この乱入は本演目に対する軍人たちの意思表示である可能性もあろう。

この二度目の上海公演に際し、崔承喜は上海の雑誌『雑誌[152]』の座談会に出席している。その場での崔の発言では、「大東亜の建設」といった日本の政治的目的への言及は避けられ、芸術面に特化している。

> 私は東方芸術の指導者となりたいなどとは思いませんが、東方の各民族芸術のかけはしとなって、中日舞踊芸術を融合させて東方特有の舞踊芸術としたいと思います。ロシアン・バレエ、ノイエ・タンツはヨーロッパ文化を代表するものであるといえますが、東方では、中国には中国式の舞踊があり、日本には日本の土着の舞踊があり、朝鮮には朝鮮の舞踊があるものの、東方全体を代表するような舞踊はありません、だから私は東方を代表する舞踊を考案したいと思うのです〔日本語の発言を中文訳したものを掲載。原文は次の通り。「我不敢希望成為東方芸術的指導者、但希望能成為東方各民族舞蹈芸的橋梁、使中日舞芸交融而成東方特有的舞芸。俄国芭蕾、德国芭蕾可代表欧洲文化、而在東方、中国雖有中国形式的舞、日本有日本的土風舞、朝鮮有朝鮮的舞、但还没有一種能代表東方整個的舞蹈、所以我希望能研究出一種代表性的舞蹈[153]」〕。

崔承喜はそれぞれの民族の文化が異なることを主張しつつ、支配者側の目的にも通じるような微妙な表現をとっている。

崔承喜は、石井漠に舞踊を習い始めた当初から、帝国日本の自国民に対する抑圧には非常に意識的であった。その抵抗の表現として、帝国日本の「同胞」の名目で日本文化を顕示することに貢献しつつ、実質は朝鮮民族の文化の評価を高めるという戦略をとった。台湾人に対しては、台湾にも崔承喜レベルの芸術家が誕生することを期待する台湾知識人たちの欲望を充分に察し、明らかに台湾人に向けて民族意識の表現を呼びかけた。台湾の文人たちは、崔承喜が「民族の鬱血した魂を舞踊芸術に託して表現し得た」だけでなく、その表現が抽象化されたモダンダンスに至っていることを感得していた。彼らは芸術的土壌の改良を模索し続け、そうした流れの中で蔡瑞月、李彩娥らが渡日することになる。

三、石井みどり舞踊団における蔡瑞月——慰問公演の目的

蔡瑞月（一九二一—二〇〇五、図9）は台南市でレストランとホテルを営む両親のもとに生まれた[154]。小学校では体操舞踊の時間が好きで、模範演技に選ばれることもあった。台南第二高等女学校の生徒であったとき、石井漠舞踊団、高田せい子舞踊団、また崔承喜の台南公演を観に行っている。女学校の最終年度（図10）、石井漠舞踊学校への留学を念頭に、同じく留学を予定している生徒たちとともに教育環境の見学を兼ねて日本に旅行した。日本植民下台湾では一九一〇年代より徐々に近代的学校教育制度が整えられたが、高等教育機関は充実していなかったため、裕福な家庭の子女は多く日本に留学したのである。蔡瑞月の初来日の際には、折あしく漠は海外巡業中であったという。女学校を卒業すると父親の希望で小学校の教員になり、日本語と舞踊を農村の子どもたちに一年間教えた。しかし留学の

図9　蔡瑞月「インドの歌」1945

図10　台中第二高女時代の蔡瑞月（1936）

図はいずれも
蔡瑞月文化基金会提供

夢が捨てきれず、石井漠に「日本国　石井漠様」[155]という表書きで師事したいという手紙を投函したところ、快諾の返事が届いたという。一九三九年六月頃[156]、石井漠舞踊学校に入学した蔡瑞月は、数学など通常の学科科目のほかに声楽、ピアノ、フランス語、日本語の正しい発音の授業を受け、舞踊としてはバレエ、体操、リズム、小品の振付、メーキャップ、水泳などを学んだ[157]。その後一九四一年、蔡瑞月は石井みどり舞踊団の巡業に加わる。

　石井みどり（一九一三—二〇〇七）は漠の内弟子から舞踊研究所の助教を経て、一九三五年には漠門下より独立したが、その後も石井漠の関わるコンサートに協力していた[158]。蔡瑞月が石井みどり舞踊団に移籍した理由は、漠が一九三九年大陸巡業の途中青島で交通事故に遭い、もともと悪かった目が殆ど失明し、創作も少なくなり指導も受け難くなったためであるという[159]。しかし、後述するように李彩娥はその後も石井漠の振付で踊っていた。従って、蔡瑞月が移籍した主たる理由は、石井みどり傘下の方がより自分の活躍の場があると考えたからではなかろうか。

慰問舞踊は一九三八年頃、陸軍省の依頼、新聞社の後援など様々な形で皇軍慰問が奨励されるに伴って始まった[160]。石井漠舞踊研究所もその当初から軍部の依頼で中国東北部、台湾、ベトナムなどを慰問公演していた。太平洋戦争が勃発すると、いよいよ芸術表現だけを打ち出した舞踊公演は困難になり、踊るためにはもっぱら戦意を鼓舞するための催しで踊るか、戦地や軍事工場慰問に行くしかなくなった。石井小浪の弟子、谷桃子(一九二一—二〇一五、谷桃子バレエ団創設)は、こうした状況を次のように証言している。

——〈インタビュアー〉戦況の悪化にともない、昭和一九年には日劇がついに閉鎖になりますから、そのあと舞台活動はもっぱら軍の慰問隊でということになりますか？ほかに踊る場はありませんね？
谷「はい。居残っても(軍需)工場で働くくらいですから、私は踊っていたかったので慰問隊に入りました。国内はもとより中国もずいぶん回りました[161]。」

蔡瑞月の移籍後に限れば、一九四一—四五(昭和一六—二〇)年にかけて石井みどり舞踊団は国内外の軍隊、軍事工場等を慰問している。国内公演については、石井みどりの夫でバイオリニストの折田泉(一九〇八—一九七二)が詳細な記録を残している(図11)[162]。国外としては日本放送協会が派遣した南方慰問団に参加する形で、徳川夢声、作曲家の古関裕而らとともに台湾の高雄、シンガポールを経てビルマ、マレーシアの日本軍を慰問し、歓待された[163]。石井みどり舞踊団に声がかかったのは、上述の通り石井漠舞踊研究所で講じていた徳川夢声とのつながりかもしれない。道中、交通事故で蔡瑞月ら舞踊家たちが軽傷を負ったこともあった。上述の折田泉の手稿にこの南方慰問中の記録はないが、彼女たちの出立と帰国についてのみ、次のように記されている。

〈一九四二年一〇月四日—八日までは秋田県で公演〉
一〇月九日　東京を出発　南方第一皇軍慰問の途に向ふ
一行の人名　石井みどり　蔡瑞月　小野忍　小池博子[164]　古森美智子[165]　渡辺つや子〈不詳〉
〈以下空白、次のページへ続く〉
昭和一八年度
二／七　共立講堂〈千代田区〉
大日本放送協会主催（南方皇軍慰問帰還報告）
音楽　放送管弦楽団

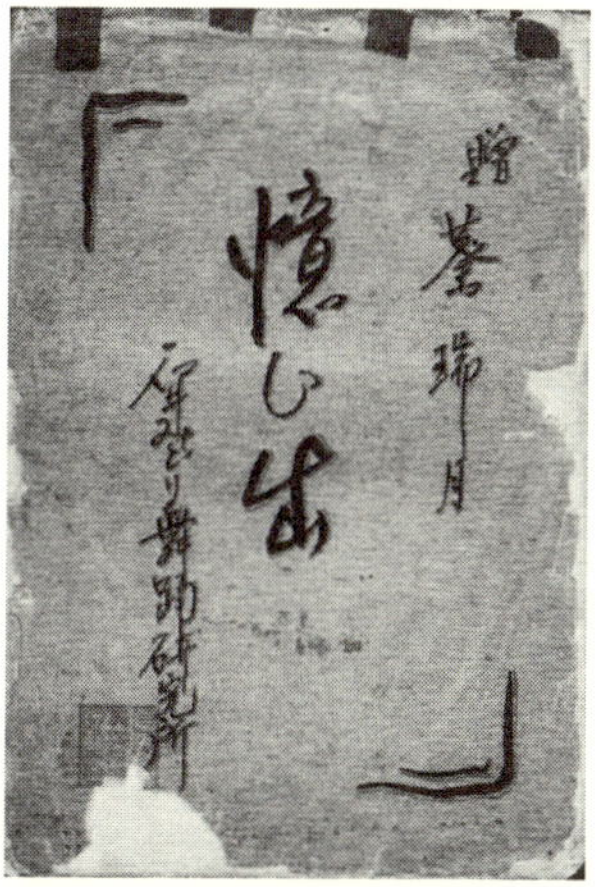
図11　折田泉手稿『憶ひ出』
蔡瑞月文化基金会蔵

以上より、石井みどり舞踊団の南方皇軍慰問の時期は一九四二年一〇月九日から一九四三年二月初旬であったと推測がつく。

南方慰問から帰国して一週間後の二月一四日、石井みどり舞踊団は立川陸軍航空工廠（東京）から国内巡業を再開している。慰問舞踊を要請し後援したのは産業報国会、東京興行者協会、銃後奉公会、軍人援護会といった総動員のための機関から、東京毎日新聞社、各地の地方新聞社、各地の役所・役場まで様々であった。石井みどり舞踊団が慰問した地域は、北海道から鹿児島まで実に全国津々浦々に及び、移動日以外は毎日のように公演を行っていた。

折田泉氏の手記は、概ね日付、場所、会場、後援、プログラムと出演者の記録で淡々と構成されているが、時折通常とは違うトピックが読み取れる。ここではそれらを三点にまとめ、紹介しておく。

（一）舞踊講習

記録の殆どは慰問公演であるが、三回素人向けの舞踊講習を実施している。

先ず、比較的詳しく記されている例を紹介する。一九四三年八月二二―二四日の三日間、指導主任・石井みどり、助手・蔡瑞月および小倉忍[166]、梅津好子[167]で、茨城県日立市日立製作所にて舞踊講習を行った。曲目は「増産音頭」（農山漁村文化協会選定）、「村は土から」（読売新聞社、農山漁村文化協会選定）、「瑞穂踊り」（農林省選定）の三曲である。いずれも、新聞社、政府機関などが一九四一―四二年に行った大衆歌謡懸賞の入選歌であり、一九四一年から一九四三年春にかけてビクターからレコードが出ている[168]。こうした楽曲募集は「国策と連動したメディア・イベント」であり、軍国主義的なイデオロギーを聴覚から浸透させる機能を担ったと戸ノ下達也は論じている[169]。確かにそれらの歌詞は「やむにやまれぬ大和魂」（「増産音頭」）、「明けて広がる増産は　国の光だ日の丸仰ぎ　働きぬこう働いて　増やせ瑞穂の国の富」（「村は土から」）と軍国調である。リズムは四分の二か四分の四と、いずれも〇〇音頭調であるから、体操といってもその振付は盆踊りのようにせざるを得なかったのではないか。

もう一件の「舞踊体操」の指導はこれより前の一九四三年六月一九日、同様に石井みどり、蔡瑞月、小倉忍、梅津好子により、荏原《えばら》区役所（現在、品川区荏原）主催、荏原区民に向けて行われた。曲目は不明であるが、日立製作所での講習の二か月前であることから、同所と同じ曲目である可能性が高いであろう。

なお、一九四四年八月一六日、東京産業報国会蒲田支部（東京都大田区）で「麦刈音頭」〈不明〉等四演目を上演した後、「麦刈音頭指導」を行っている。指導は石井みどり、助手は蔡瑞月、山崎竜子、高井良りり子〈不詳〉、升金ひとみであった。

こうした舞踊体操指導はいかなる理由で行われたのであろうか。右のケースでは受講者の性別は不明であるが、女性への舞踊指導の一つの理由として、モダンダンスの目指す身体が、「銃後」の母体と符合したことが挙げられる。イサドラ・ダンカンの理想とする舞踊に適した女性の肉体とは、「本源的な力と自然な動き」へと回帰し、「完全な母性と、健康で美しい子供の誕生」（同前）へと結びつくものであった。[170] 戦時中の日本の舞踊雑誌『舞踊芸術』に掲載された広告にも、「西洋舞踊」と母性を重ねる言説が見出せる。


平均五人の子女を産むことが要請されてゐる時、くろがねのごとき意志と健康の女性——それには日頃から身心の鍛錬が必要です。今迄随分西洋舞踊などは肉体をあらはにだすなど ゝ 云って排斥されたものですが、この頃はあちこちの工場や会社でも勇壮に舞踊をやってゐます。そして舞踊が国民鍛成に一役かってゐるのはたのもしいです。[171]

少なくとも或る種の西洋舞踊は、銃後に望ましい多産の母体を鍛錬するために奨励されていたのである。

また、こうした舞踊講習の記録を通じて、蔡瑞月は舞踊を素人を含む大勢の人々に教授する経験を積んだと言える。

(二) 台湾志願兵の壮行会

三年半の慰問公演の記録の中では一度だけ、台湾志願兵の壮行会での公演が行われている。一九四三年一二月二九日、「西荻窪(東京)女子大体操場(台湾第一団志願兵壮行会)」と記されていることから、会場は現在の東京女子大学キャンパスであったと分かる。演目とキャストは次の通りである(〈　〉内は特定できた音楽。蔡瑞月は太字で示す)。

一　海行かば〈大伴家持詞、信時潔作曲「海ゆかば」[172]〉**蔡瑞月**、梅津好子、升金〈不明瞭〉ひとみ
二　嬉しい日傘〈ゴセック「ガヴォット」〉**蔡瑞月**
三　壁画　**蔡瑞月**、梅津好子
四　野の華　梅津好子
五　太平洋行進曲〈横山正徳作詞、布施元作曲「太平洋行進曲」〉**蔡瑞月**、梅津好子、升金ひとみ
六　祭りの夜　**蔡瑞月**、梅津好子、升金ひとみ
七　愛国行進曲〈森川幸雄作詞、瀬戸口藤吉作曲「愛国行進曲」〉**蔡瑞月**、梅津好子、升金ひとみ

この前後の公演では、これらの演目をどのようなキャストが踊っていたであろうか、比較してみたい。

一九四三年一二月二日東京新作発表会「ビルマ独立の夕べ」〈演目前の数字は、当日全一五演目のプログラムにおける順番。以下同様。〉
一　海行かば　**蔡瑞月**、小倉忍、梅津好子、升金ひとみ、森幸枝〈不詳〉

四　壁画　石井みどり、**蔡瑞月**
五　祭りの夜　**蔡瑞月**、小倉忍、梅津好子、升金ひとみ
一九四三年一二月三一日　名古屋市　愛知化学工業株式会社〈現在のアイカ工業株式会社〉
一　海行かば　石井みどり、**蔡瑞月**、小倉忍
五　祭りの夜　石井みどり、**蔡瑞月**、小倉忍、山崎竜子[173]
八　太平洋行進曲　**蔡瑞月**、小倉忍、山崎竜子

上と見比べると、「壁画」、「祭りの夜」において通常石井みどりがつとめるパートを、台湾志願兵壮行会では蔡瑞月が踊ったと考えられる。「愛国行進曲」は一九四二年には盛んに蔡瑞月、小倉忍、梅津好子らが踊っていたが、一九四三年に入ってからこれに代わって「太平洋行進曲」の方が演目に登るようになった。原因は不明である。「嬉しい日傘」は、上述の折田泉の記録の期間では、当初升金ひとみがもっぱら踊っていたが（一九四二年六月一四日世田谷東部第一七部隊慰問、一九四三年二月一四日）、徐々に蔡瑞月も踊るようになったらしい（一九四三年一〇月七日愛知県刈谷町、一一月一日長野県野沢町）。同演目は、戦後台湾でも蔡瑞月がレパートリーとしたものの一つである。

総じて、この台湾志願兵の壮行会では、蔡瑞月が七演目中五演目にメインで出演し、一演目をソロで踊っている。明らかに、台湾出身者である蔡瑞月を意識的に立てたキャスティングである。蔡瑞月が戦時中、台湾のために舞踊を通して献身できた催しであったとともに、石井みどりが蔡瑞月の台湾人というアイデンティティを尊重していたことがうかがわれる。

(三) 舞踊公演の人気

彼女たちの舞踊公演は、一九四五年の決戦期においても非常に人気があったらしい。以下に二つの例を挙げる(「●」は解読不能)。

五月五日　鷹ノ巣町〈秋田県〉　鷹ノ巣劇場
但しこの日劇場超満員にて二階席危険の状態と●●為「夢」蔡瑞月、「寿代譜」石井みどりを省略　進行を早める。

五月一三日　西馬音内町〈秋田県〉　旭座
出征遺家族慰問登龍会主催　……
番外として、「西馬音内音頭」を土地の女子青年団八名を踊って貰ひ、近来になき賑やかな舞踏会となり慰問の主旨百パーセントなり。

大盛況であった本公演の演目はどのようであったろうか。この年四—五月にかけての北海道紋別町以降、秋田県西馬音内町まで二〇公演はすべて「仝《おなじ》」と記されている。紋別町のプログラムは以下の通りである。

一　太平洋行進曲　**蔡瑞月**、小倉忍、高根きみ子〈不詳〉

二　熱情　石井みどり
三　馬来の踊　石井みどり、**蔡瑞月**、小倉忍、高根きみ子
四　めんこい小馬《ママ》　折田克子[174]
五　真紅のばら　石井みどり
六　田園風景　**蔡瑞月**、小倉忍
七　ビルマ・プエ　石井みどり
八　佐渡おけさ　石井みどり、小倉忍、高根きみ子
九　番外　秋田おばこ　高根きみ子（独唱）
一〇　祭りの夜　石井みどり、**蔡瑞月**、小倉忍
一一　ナンダッタッケナ　折田克子
一二　寿代譜　石井みどり
番外　荒城の月　折田泉（バイオリン独奏）
　　憶ひ出
一三　豊年祭り〈**図12**〉〈武井守成[175]作曲、折田泉編曲「豊年」〉　石井みどり、**蔡瑞月**、小倉忍、高根きみ子

以上のうち、歌詞に軍国主義イデオロギー色の明確なものは「太平洋行進曲」、「めんこい仔馬」[176]のみである。強いて言えば「馬来の踊」やビルマの民間舞踊プエ踊りは大東亜共栄圏構想に関連しているが、表現としては民族舞踊である。従って、集まった観衆は愛国心を鼓舞されて興奮したというより、舞踊を観て楽しむために二階席が揺らぐほど

図12 石井みどり（左から二人目）「豊年祭り」、右から二人目が蔡瑞月
蔡瑞月文化基金会提供

詰めかけ、一緒に踊り騒いで発散したのであろうと推測される。プログラムにおける軍国的要素の比重は、一九四一―四四年の公演に一貫して、全五演目であれば一演目、全一五演目であれば三演目ほど入っている程度である。その他は日本の民謡やアジアの民族舞踊を合わせ、わずかにモダンダンスを取り混ぜることが許されたらしい。すなわち、軍国主義イデオロギー色の薄い出し物が半分以上を占めていることから、鑑賞者側にとって石井みどり舞踊団の公演は、国粋の気分の高揚という以上に芸術鑑賞あるいは娯楽の要素が勝っていたと考えられるのである。

以上、三年半の石井みどり舞踊団公演記録の中のトピック三点について考察した。地方都市まで空襲範囲が広がっていた終戦目前の一九四五年八月八日まで、折田泉の記録は記されている。昭和一九年二月、決戦非常措置令が出され、全国の大劇場が閉鎖され、日本劇場も風船爆弾製造工場となった。それ以降もなお、石井みどり舞踊団の移動公演は禁止されなかったことが分かる。戦況の深刻化は一九四五年三月二三日、同じ石井漠門下で一九年度から巡業に加わっていた寒水《かんすい》多久茂《たくも》が召集され、急きょ延期された公演記録にうかがわれる。一九四五年八月八日、最後の公演記録は、栃木県小山市小平重工業会社（現在の小平産業株式会社）の慰問公演であり、日本放送協会の主催によった。この日の慰問中にも警戒警報が鳴り、竹やぶに一、二時間避難した後、公演を続行したという[177]。

上に挙げたプログラムの一例は、石井みどり舞踊団において蔡瑞月が石井みどりに次ぐ主要な踊り手であったことも示している。石井みどりは晩年、当時を回顧して次のように語っている。

　蔡さんが、皆さんのご声援を頂きながら、充分に勉強できたり、それだけのものをあの人が得た栄養素っていうのをね、充分に私は発揮できたと思います。あの人がちょうど戦後まで充分お稽古して、向こうに帰って行ってからの蔡さん、すごい活躍しているっていう話を聞いて、私はそれだけ蔡さんがね、本当に立派に、うちで得た色んなものを身につけて、そしてそれを土台に頑張ってくれているということを、私は本当に嬉しく思って、私の大きなダイヤモンドだなと思って[178]。

石井みどりは慎重な言葉で蔡瑞月の芸術家としての功績に特化して語っている。上で見た通り、慰問舞踊は名目としては軍国主義を盛り上げるために戦意を奮い立たせ、増産を促進するという役割を担っていた。但し右で挙げたトピック（三）の状況を見るに、石井みどり舞踊団は戦意高揚や増産促進の名目のもと、戦時の娯楽を意識的に受けて立っており、慰問を受ける側も主として娯楽を享受していたのではないか。

蔡瑞月はその口述自伝で、石井漠、石井みどりに対して感謝の言葉しか遺していない。日本各地の工場慰問公演についても、「巡回公演は疲れたけれども、私がとても嬉しかったのは、巡業の間は各地の舞踊ファンがお寿司やお赤飯、卵などをご馳走してくれて、公演しないときよりも食事がずっと豊かだったことです」等と述べるだけで、舞踊の内容選択、演目による観衆の反応の違いや踊る側の思いには触れようとしない[179]。しかし、蔡瑞月は台湾に帰ってまもなく、日本支配下から解放された高揚期に、前述の左翼詩人・雷石楡と出会い、結婚した。雷石楡と意気投合したことからみても、蔡瑞月は日本軍慰問や軍事工場慰問公演で踊りつつ、台湾の民族精神を内に秘めていたに違いない。

蔡瑞月にとって石井みどり舞踊団の舞踊巡業への参加は、日本人軍人だけでなく台湾出身の兵隊、また不特定多数の市井の人々に芸術ないし娯楽を届ける意義があったとともに、戦時中にあって一〇以上ものレパートリーを踊り、技術と芸術性を磨き続けることのできる手段であった。さらに舞踊を教授する機会を持ち、それが帰国後自分の舞踊研究所をもって門下生を育成するためのキャリアとなったと考えられる。

四、「台湾の李彩娥」——有望なる少女舞踊家

李彩娥（一九二五—　図13、14）は高雄州屏東郡（現在の屏東県）で不動産業を主とする資産家の家の長女として生まれた[180]。父李明祥は東京、京都に留学し、獣医学を学んだが、帰郷後は帝国生命保険株式会社の代理店の支配人を務めた。屏東女子公学校時代より舞踊の才能を見出され、学芸会のために選ばれて独りで「花嫁人形」を踊ったこともある。彼女は続いて台南市末広公学校に進んだが、途中で日本に渡り石井漠舞踊学校に転学する。これに当たっては、台湾新文化運動の旗手・蔡培火（一八八九—一九八三）[181]が関わっていた。蔡培火は公学校教員を経て東京師範学校で学び、以来台湾と日本を行き来しつつ政治的活動を行い、台湾人主体の文化を打ち立てるには、台湾より教育環境の整った日本で学ぶ必要があると、台湾の子女の日本留学を奨励していた。日中戦争勃発後、軍部等からの政治的圧迫と

図13　高雄市の李彩娥舞踏芸術中心のスタジオにて。右から洪若涵氏（李氏の孫娘）、李彩娥氏、洪再利氏（李氏の息子）。2013年7月10日。（著者撮影）

図14　李彩娥氏
2013年7月10日（洪再利氏撮影）

妻の病死という家庭的事情もあり、彼は子女を連れて東京に一時的に移住した(182)。その際、蔡培火は友人の孫であった李彩娥を伴い、娘の蔡淑她とともに石井漠に入門させたのである。

李彩娥はこうして一九三九年、自由が丘の石井漠舞踊研究所の寄宿生となり、漠から「李子ちゃん」と可愛がられた。翌一九四〇（昭和一五）年九月には、「皇紀二千六百年奉祝芸能祭・洋舞踊発表会」（図15）に出演している。神武天皇即位紀元説による「皇紀二千六百年」を記念して、観艦式、観兵式、武道大会など様々な催しが開催された。これらのうち、日本文化中央連盟が主催した音楽、舞踊、演劇、映画など一連の芸能事業が、「皇紀二千六百年奉祝芸能祭」である。「洋舞用「日本」三部曲」については、当時の創作舞踊の三大家であった高田せい子、石井漠、

図15　皇紀二千六百年奉祝芸能祭洋舞踊発表会プログラム
写真右から江口隆哉、高田せい子、石井漠
（早稲田大学演劇博物館蔵）

江口隆哉が一部ずつ担当し、東洋の文化を推奨するような演目を振付けた[183]。第三部、石井漠演出「前進の脈動」（光吉夏彌作、高木東六作曲指揮）には、蔡瑞月、李彩娥がともに出演している。「前進の脈動」は全四景で構成され、振付は不明だが、パンフレットでは以下の様に解説されている。

> 戦時下非常時局に遭遇せる現代国民のあらゆる集団の動きを単的《ママ》に表現化し、舞台を構成舞台とし、力強い産業戦士の集団、無気力な有閑層、都会の消費者群、農村の青年勤労奉仕団等これらの国民集団の交錯する姿を力学的に描きながら、ついにあらゆる国民層が強力なる総動員体制のもとに盛り上がり沸きたって行くたくましい前進の烈々たる脈動を交響的群舞として舞踊化したものである。（「皇紀二千六百年奉祝芸能祭制定　洋舞踊「日本」三部曲」パンフレット、早稲田演劇博物館所蔵）

本芸能祭の企画実行に当たった一人、池谷作太郎が『舞踊芸術』に寄せた「皇紀二千六百年奉祝舞踊の全貌に就いて」も、同演目についてこれとほぼ同じ説明を付けている。[184]

この「前進の脈動」において蔡瑞月は群舞、李彩娥は群舞に出たほか「手紙を配る少年」という役を踊っている。なお、本パンフレットでは「梨彩娥」と表記されているが、李彩娥によれば当時在籍した「李彩玉〈不詳〉」という石井門下生と区別するためにこの名を使ったという。[185]

李彩娥は石井漠にその才能と美貌とを見込まれ、漠の相手役として舞台に立ったこともある（図16）。一九四一年四月には、石井漠に呼ばれて「太平洋行進曲」を稽古し、[186]都新聞主催舞踊コンクールに出場して第一位を獲得した（図17）。李彩娥によれば、「一番、台湾の李彩娥」と発表された際、客席から喝采が上がったが、その中に台湾出身の大学生が大勢いたという。翌一九四二年同コンクール「一般部第二部（現代舞踊、教育舞踊）」では「東洋風の舞曲〈「アニトラ」〉」を踊り第二位を獲得した。[187]

こうした成果を受けて、石井漠舞踊団三十周年記念公演（一九四二年）パンフレットで石井漠は李彩娥を次のように紹介している。

> 李彩娥は今年十七歳。台湾の生れ。東都に於ける昨年と今年の舞踊コンクールに一等二等を獲得せる有望なる少女舞踊家であります。（漠）[188]

この公演の出演者のうち、わざわざこのように紹介文を付されているのは李彩娥だけである。李彩娥のコンクール受賞歴としては、さらに群舞としても、一九四二年十月の日本文化中央連盟主催、文部省、厚生省、情報局後援の創作舞踊コンクールで組曲「潮鳴り」に七人の群舞の一員として出演し文部大臣賞を受賞、四三年には「海ゆかば」に五

図16 石井漠「ピエロと蝶々」1942
ダンサー：石井漠、李彩娥
（李彩娥氏蔵）

図17 石井漠「太平洋行進曲」1942
ダンサー：李彩娥
（李彩娥氏蔵）

人の踊り手の一人として出演し、二位に入賞した。

李彩娥は石井漠舞踊団とともに、折々慰問公演のため国外を巡業した。一九四一年には高雄、香港を経由してベトナムのハノイを回った。フランス統治下のハノイでは、豪華なホテルやパリを思わせる劇場に欣喜したという。[189] 一九四三年中国東北部における石井漠舞踊団の軍事慰問公演は、次のように伝えられている。

> 石井漠舞踊団（石井漠、石井カンナ、和井内恭子、李彩娥等十一名。主なる曲目、海行かば、追憶、黒坊人形の踊り、前奏曲、西風の見た者、荒城の月、仮面、あきらめ、東洋風舞曲、三稜鏡、蛇性、田舎娘、迦摩、日光、地理の書）十三日哈爾浜モデルン、十四日、牡丹江有楽座、十六、十七日、奉天銀映劇場、十八日、本渓湖公会堂、十九日、撫順公会堂、二十二、二十三日、新京厚生会館、二十四、二十五日、大連協和会館。（『満州藝文通信』）一九四三年七月[190]〈傍線は筆者〉

右の通り、このとき石井漠舞踊団はハルビン、牡丹江、瀋陽、本渓、撫順、長春、大連を二週間かけて回っている。石井漠は、日本のコンクールで受賞して名の知れた李彩娥を、ポスターなどで「台湾の李彩娥」として目立たせるようこだわった。[191]

「台湾にも崔〈承喜〉さんのような舞踊家が欲しい[192]」という声は、上述の通り、崔承喜の第二回台湾公演の際にインテリ層の間に上がっていた。蔡瑞月、李彩娥と同時期に東宝合唱隊として東宝劇場のステージに立っていた台湾人作家・呂赫若（一九一四―五一）[193]は、そうした声を小説「山川草木」（初出台湾文学奉公会編『台湾文芸』創刊号、一九四四年五月一日）に描きこんでいる。[194]

朝鮮からは崔承喜のやうな女流芸術家が出ているのに台湾の女性はまだ時代錯誤の夢から覚めないのであらうか、といったのは、外ならぬ宝連自身ではなかったか。……私は心から彼女の美事《ママ》な〔ピアノの〕演奏をほめ、今後は優れた芸術家になって呉れといひそやしたことから、話ははづんで台湾女性のことに及び、そのとき、宝連は憤然として痛烈に台湾女性を批判し崔承喜をもち出したのだった。私はそれを聞いて内心嬉しく思ひながらも、

「さういふあなたも残念ながらその一人に洩れないよ。」

とわざと言ふと、

「まあ、いまにごらんなさい。あたしは台湾女性の全不名誉を一身に荷って必ず名誉回復しますわよ。台湾の崔承喜になってよ。」

と意気軒昂たるものだった。[195]

ヒロイン宝連は台湾出身で、東京の音楽学校のピアノ科学生であり、舞踊家・崔承喜の名声に憧れている。同じく台湾出身のインテリである語り手「私」は、そんな宝連を頼もしく思っているのである。

上述の通り、李彩娥は石井漠から抜擢され、一九四一年から政府が後援するコンクールや公演に出場していた。石井漠は李彩娥を比較的幼いころから内弟子として育て、恵まれた容姿、舞踊の技量、舞台上の華を見込んで、「半島の舞姫」に匹敵する「台湾の李彩娥」として白羽の矢を立て、そのイメージ作りは半ば進行していたと考えられる。上述の舞踊コンクール会場で李彩娥の受賞に立ち会った台湾人大学生たちもまた、「台湾の崔承喜」を期待しうる台湾のスター誕生に歓喜した。だが早くも一九四三年末、家庭の事情で李彩娥は石井漠に惜しまれながら帰国し、日本

における舞踊家としてのキャリアに幕を引いてしまう。もっとも、戦時日本での舞踊活動を早々に辞すことにより、李彩娥は大東亜共栄圏のシンボルのように祀り上げられることを免れたともいえるのではなかろうか。

五、日本敗戦後

「帝国日本」下にて、どの年代で踊った/踊らざるを得なかったかを考えれば、崔承喜は一六—三四歳、蔡瑞月は一六—二四歳、李彩娥は一四—一七歳となる。崔承喜はいわば、舞踊家としての最盛期が戦時中であった。[196]蔡瑞月は舞踊家として独立する準備が丁度整った段階で、李彩娥は舞踊門下生を修了した段階で帰台した。こうした戦時中の舞踊活動期間の長さ及び年齢が、北朝鮮、台湾に帰ってからの彼女たちの運命に影響した。日本帝国主義から解放された舞踊家たちは、故郷の新たな統治勢力に再編されていく。

崔承喜は一九四五年八月日本敗戦を北京で迎え、京城に帰ったが、南部が米国文化に席巻されることを危惧して北朝鮮に移った。その後、金日成政権下で平壌に国立崔承喜舞踊研究所を作り、民族舞踊の復興と発展に尽くした。[197]日本側の証言としては、石井漠が一九五六年九月に国立崔承喜舞踊学校を訪問している。[198]しかし、彼女の舞踊活動は親日的な行為であったとの批判がその当時からあり、一九六〇年代中ごろ平壌から追放され、追放先で働かされた末に病没したという。[199]

日本敗戦を迎え、蔡瑞月は石井みどりに惜しまれつつ台湾へ帰った。帰国後、蔡瑞月は台南で舞踊研究所を開設、続いて台北にも舞踊教室を開いた。こうした蔡瑞月の活動は、上海の雑誌『寰球』画報(一九四八年三月)で、「一般には同門下の先輩朝鮮の唯一の舞踊家崔承喜女史と、双璧を成している」と、崔承喜と並び称されている。大陸にも蔡瑞月の舞踊家としての名が広まっていたことが分かる。そのころ、雷石榆は台湾交響楽団の編集審査員を務めており、蔡瑞月が台北で開いたコンサートに同楽団が伴奏を担当、それが蔡瑞月と雷石榆との出会いとなった。それぞれ台湾語、広東語を母語とする二人は、日本語を介して共鳴し合い、一九四七年に結婚した(200)。

雷石榆が共産党スパイの容疑で逮捕されたのは一九四九年六月、台湾に戒厳令が実施された翌月のことである。同年九月には雷は香港へ強制送還された。続いて蔡瑞月が投獄された。これについて、雷石榆は当時人づてに聞いたこととして、次のように述べている。

阿月〈蔡瑞月の呼称〉は、「秧歌舞」を教えているという誰かの密告によって、捕まえられ収容所に入れられたというのです。阿月はこれまで「秧歌舞」を見たこともありません。……〔蔡瑞月は〕基本的には純芸術的な審美観に根ざした舞踊創作と公演活動に従事していました。だから、現在彼女に危害を加えようと企図するのは、明らかに私のまき添えを食ったためなのです(201)。

蔡瑞月が逮捕されたときの尋問にも、雷の現住所を問う内容があり、雷石榆の推測は当たっている(202)。ただ蔡瑞月の受難は、雷石榆の妻であることに起因する共産党スパイ疑惑だけではないであろう。なぜなら蔡への尋問には、「お前は日本語が話せるのに、なぜ日本語を話さないのか」という内容が入っていたからだ。一九四七年以降の粛清で多く標的となったのは、日本植民下で日本語教育を受け台湾各界でエキスパートとなった人々であり(203)、その一員として蔡瑞月も囚われたと推測できる。蔡瑞月は晩年、日本に舞踊を見に来た際にも、台湾の偵察がついているのではないかと脅え続けていた(204)。蔡瑞月の創作、「傀儡上陣（操り人形参上）」（一九五三年初演）は、このときの逮捕によって一歳に満たない子どもと引き裂かれた痛みと、抑圧の束縛を表現している。

一九五二年、台湾では国防部総政治部のもとで中華民族舞踏推行委員会が設立された。同年、蔡瑞月が釈放されたのは、既に名の知れた舞踊家である彼女を民族舞踏推進要員にするためであったと考えられる。釈放後すぐ、蔡は民族舞踏推行委員会舞踏組の委員に任命され、一九五三年台北に蔡瑞月舞踊芸術研究社（後の中華舞踊社）を再び立ち上げた。以来たえず当局に監視されつつ、バレエ、現代舞踊、民族舞踊のアレンジ等を振付け、日本、米国、オーストラリア、韓国、タイ等の舞踊団と盛んに交流した。現在、その精神は蔡瑞月文化基金会に引き継がれている。

李彩娥は、台湾に舞踊教育を普及させようという蔡培火の要請で舞踊家として復帰し、一九四九年故郷の屛東に李彩娥舞踊研究所を設立した[205]。李彩娥はまだ一〇代のうちに帰台して一九四四年に結婚、以来舞踊から遠ざかっていた。復帰後の李彩娥は創作舞踊を民族舞踊と融合させ、一九五四年には高雄市に李彩娥舞踊研究所を設立し、高雄を拠点に舞踊家としてまた舞踊教育家として今日も多くの後継者を育て、台湾の舞踊界に貢献し続けている[206]。さらにその子、孫、親族も多くが舞踊界で活躍中である。

台湾で一九五〇年代、蔡瑞月、李彩娥は民族文化の振興という意図のもと、そろって当局の文化事業に動員された。当初、彼女たちに求められたのは民族舞踊の再編が主であったが、時代を下るにつれて、蔡瑞月、李彩娥ともに再び現代舞踊の表現へと徐々にシフトしていった。

小　結

本章で扱った三人の舞踊家が日本でモダンダンスを学んだのは、既に言及した通り、朝鮮人及び台湾人が近代空間において内面を表現する芸術手段を獲得するには日本を介するしかなかったためである。戦時中の彼女たちにとって、国威掲揚の舞踊ないし慰問舞踊は、限定付きながら公に舞踊表現を許される場であった。これに関して陳雅萍は、「被支配者としての自分たちと、大日本帝国の一員として、植民地支配者側の巡業に加わった自分たちの間に葛藤はなかったのか[207]」と問う。陳はこの問題をアイデンティティとジェンダーの視点から考察している。すなわち、長年の日本統治により多元的なアイデンティティを形成せざるを得なかった台湾人にとって、「日本人」であることと民族意識とは必ずしも衝突するものではなかった。その上、日台の女性が「銃後」を守って家にいた時代に、女性舞踊家は中国大陸の前線や東南アジアへ行く機会を持つことが出来たと、陳雅萍は指摘している。

確かに、女性舞踊家は「銃後」という女性ジェンダーから上述の意味で脱出した。しかし、女性による慰問舞踊は、「歴史に残るかぎりの遠い昔から、戦争において女たちが果たしてきたもっとも普遍的な任務」、戦う男を鼓舞する「チアリーダー[208]」のダンスに相当するのではなかろうか。さらに先に挙げた通り、彼女たちの舞踊は母体の健康のためにも奨励された。女性舞踊家は家を守る役割からは脱出したものの、戦場—後方支援というジェンダーに依然として組み込まれていた。但し、植民支配下の朝鮮人、台湾人鑑賞者は、朝鮮、台湾人のモダンダンスに民族解放の願望を投影した。換言すれば、彼女たちのモダンダンスの内的表現は、彼らから注がれる視線と符合していたという側面がある。

戦後の朝鮮、台湾におけるモダンダンスの発展という点からみれば、彼女たちは慰問舞踊という場を経て「舞台芸術の厳しい状況に対処できるような訓練」を積むことが出来、「そうして開発された能力が、一九四〇年代後半から五〇年代という、戦後の台湾の直面した、さらに過酷な時代を生き残るための術となった[209]」と陳雅萍は指摘している。戦時中、舞踊家たちは、日本民族舞踊と軍歌でカムフラージュしたモダンダンスを踊り続けた。それによって、彼女たちは戦後まもなく故郷で芸術を育成するための身体表現力を維持することが出来た。こうした脱植民化における近代空間の維持ないし変容という観点で言えば、朝鮮人、台湾人作家が戦後、朝鮮語、標準中国語での創作に苦闘したのに比して、舞踊家たちの獲得した身体表現はそうした葛藤をほぼ免れた。

総じて、崔承喜、蔡瑞月、李彩娥の活動を中心に戦時期日本の舞踊を追うことにより、常にアンビバレントな或いは多面的なその性質が見えてくる。すなわち、銃後の母体を鍛錬する名目でモダンダンスの身体が発達し、戦意高揚・慰問のためのダンスは観客の娯楽かつ舞踊家の芸術の隠れ蓑であり、また「日本人」のための舞踊の中に朝鮮人、台湾人観客が民族高揚を託すことも出来た。このように戦時期のモダンダンスには舞踊家の意思、観客の欲望が錯綜しつつ、踊る側／観る側の共犯関係が成立していたからこそ、日本敗戦のその日まで慰問舞踊が続いたのであろう。(210)

第三章　上海バレエ・リュス――日本統治下文化工作における小牧正英

はじめに

小牧正英（一九〇六―二〇〇六）は、戦後日本で初の全幕バレエ『白鳥の湖』を演出し、一九四六年小牧バレエ団を結成、その後の日本バレエ界の大きな潮流を作った人物である。[211] 彼は戦前、白系ロシア人バレエ・ダンサーを中心とするバレエ団、上海バレエ・リュスのメンバーであった。[212] 戦時上海バレエ・リュス公演に際してオーケストラを指揮した朝比奈隆（一九〇六―二〇〇一）は、小牧の功績を次のように評価している。

上海バレエ・ルッスの小牧正英を知らなきゃ、日本のバレエ史は語れないな。……僕が上海でバレエの演出や振付など見てきて思うことは、小牧正英という青年がソコルスキイというロシアのバレエ・マスターが親玉の「バレエ・ルッス」のソリストとして、……本格的グラン・バレエを踊り、戦争が終わって、君が、日本に帰ってきたことが、本当の日本のバレエ史になってると思うんだ。[213]

このように、小牧正英には戦後日本バレエを担ったという定評がある。しかし上海バレエ・リュスにおける小牧の動向については、小牧自身の述懐に頼るのみで、[214]客観的に検討されて来なかった。さらに、日本軍事政権下の文化工作は一時期、上海バレエ・リュスとそこに所属する唯一の日本人小牧正英に、国体を誇示する「メディアとしての身体」[215]という利用価値を見出していた。この事実に即した研究はまだ皆無である。

上海バレエ・リュスがディアギレフのバレエ・リュスのレパートリーを上演していたのは確かであるが、[216]両者の関係性は疑問が残る。上海バレエ・リュス・バレエマスターのソコルスキーはマリインスキー劇場の出身でディアギレフ・バレエ・リュスの振付を踏襲していると自称していたと小牧正英は著書で再三書いている。しかし、井口淳子は上海バレエ・リュスを報じた英・仏新聞の資料を跋渉した論文において「ソコルスキーが本当にディアギレフ・バレエの後継者であったことを裏付ける資料はいまだ見つかっていない。」と述べている。[217]筆者の調査ではソコルスキーは一八八八年生まれ、帝室ロシアバレエ学校を卒業したらしいが、[218]それはディアギレフ・バレエ・リュスとの関係を意味しない。

中国研究者として最初に上海バレエ・リュスに言及したのは榎本泰子であり、上海共同租界で活動した工部局交響楽団に対する緻密な研究の中で、同楽団と上海バレエ・リュスとの共演を取り上げている。[219]拙稿では中国バレエの前史として言及した。[220]上海バレエ・リュスを日本占領下の文化団体として捉えた研究としては、大橋毅彦の論文がある。[221]大橋論文は「文化工作という言葉に名を借りた〝支配／被支配〟の構図がもっとも幅をきかせた時代に、その圧力に押しひしがれない演劇空間や舞踊空間」が築かれた場として、上海のライシャム劇場に注目し、そこを拠点と

図18　「小牧氏ら舞踊手紹介　上海バレエ・リュッス」（1943年3月25日『大陸新報』記事）に添えられた写真とキャプション。

した文化団体の一つとして上海バレエ・リュスを取り上げている。本章は、この戦時「文化工作の時代」という枠組みを継ぎ、日本占領期の国策新聞『大陸新報』[222]の上海バレエ・リュス関係記事及び周辺資料によって戦時期における上海バレエ・リュスの活動を追い、中国モダンダンスとの関わりに目配りしつつ考察する。戦時期上海バレエ・リュスは小牧正英が背負って立っていたため、自ずと小牧正英の活動を追うことが中心となる。

一、ナチス政権とドイツ・モダンダンス：日本への影響

なぜ、日本軍事政権は舞踊、ひいてはバレエが国体宣伝の手段となると気づいたのであろうか。一つには、戦時中同盟関係にあったドイツにおいて政権と舞踊の結びつきが顕著であったため、それに影響されたと考えられる。そこで、本節では戦時ドイツにおける舞踊と権力との関係、および日本への影響を簡単におさえておきたい。

戦時ドイツ、ゲッベルスを大臣として新設されたナチス人民啓蒙宣伝省には舞踊担当官がおり、国家の舞踊大学が作られ、メアリー・ヴィグマン舞踊学校など特定のダンス学校には公的補助金が出ていた。[223]このように、山口庸子の指摘する通り「ナチスの文化政策への迎合」がドイツの舞踊界には見られた。[224]一九三六年ベルリン五輪の祝祭劇の振付には、ドイツの代表的な表現舞踊家たちが多く協力し、「言葉、音楽、舞踊という諸芸術を融合」させた総合芸術作品に仕上げた。もっともその後、舞踊家個人の思想表現としての舞踊は非難され、「民族共同体」の表現を探求する舞踊が奨励されるようになっていく。

ベルリンに続く一九四〇年五輪の開催地は東京に一旦決定したが、日本は「国を挙げて戦時体制に備へているときオリンピックだけをやることは不可能だ」として三八年七月にそれを返上した。[225]いっぽう、ベルリン五輪の記録映画

『民族の祭典』（リーフェンシュタール監督、一九三八）は、日本で文部省推薦となり[226]、幻に終わった五輪に代わる「紀元二千六百〈一九四〇〉年」祝典を開催しようという機運が高まっていく。同年六月、日本・満州国・中国・フィリピンを示す「四輪」をシンボルとし、「東亜人の東亜を建設する」ことを目的として、東亜競技大会が東京、関西で開催された[227]。当大会のエキシビジョンは、女学生による大日本女子青年体操、薙刀術、師範学校生による建国体操などのマスゲームであった。当大会の競技種目はオリンピックを意識していたから[228]、出来栄えはどうあれ、エキシビジョンの方もベルリン・オリンピック開会式の芸術性を意識したものと推測される。

ではなぜ日本は、ドイツに倣って「舞踊する身体[229]」を上海文化工作の一手段とするに当たり、ドイツ・モダンダンスの団体をそのためのメディアとして選ばなかったのであろうか。その理由として、上海にはドイツ租界がないためか、コンスタントな活動をするドイツ・モダンダンスの団体はなかったことが考えられよう。一方、上海バレエ・リュスは既に定演を確保し、欧米人の間で定評があった。さらに序章で整理した通り、当時の日本ではバレエもモダンダンスも一律に西洋舞踊ととらえられがちであった。そのため、日本の上海文化工作者たちは、日本の芸術レベルの高さを誇示するメディアとして、上海バレエ・リュスに白羽の矢を立てたと考えられるのではなかろうか。

二、「上海におけるルシアンバレー」（一九四一年）

本節では、一九四一（昭和一六）年、『大陸新報』紙上でにわかに目立ちはじめる上海バレエ・リュス報道のねらいを、『大陸新報』主催の座談会を中心に考察する。

その前に、当時の上海をめぐる国際社会情勢を押さえておく。一九四〇年には緊迫した太平洋の防衛に力を注ぐため、英米勢力は上海から撤退しはじめていた。四〇年九月にはイギリス軍が撤収、一一月にアメリカ駐屯軍海兵が引揚げ、一二月初めには英国系船舶会社が引揚げ、英国の警備分担区域は義勇隊と日本に移管された。同年一二月八日、日本は英米に宣戦布告するに至る[230]。

『大陸新報』紙上で上海バレエ・リュスをめぐる話題が増えるのはその翌年である。上演演目を報じる程度の報道を経て、初めてまとまった分量（約八〇〇字）の記事は四一年三月四日「バレールス《ママ》（ロシア舞踊団）公演　コサック合唱団も特別参加」であろう。同記事は三月ライシャム劇場での演目内容を紹介し、最後に次のように案内する。

ライシアム劇場は仏租界、マルセアル、フレンチクラブの筋向ふにあり、入場券は二弗二十仙から八弗八十仙まで、劇場と南京路カセイホテル前のモウトリー楽器店で前売りをしてゐる。〈旧漢字は当用漢字に直した。以下同じ〉

このように劇場とチケットについて懇切に説明するのはなぜか。恐らく『大陸新報』がこれまで殆ど上海バレエ・リュス公演を宣伝して来なかったためであろう。

続いて三月九日「眼に残る〝バッカスの巫女〟バレールス三月公演より」（署名：水上十郎〈不詳〉）が載る。これは『大陸新報』初の上海バレエ・リュス公演評と言える。

……第一「季節」は美しいものであったが、……スター陣のソロやデュエットが光ってゐるだけで、アンサンブルは頗る貧弱、踊りを間違へた者も数名あり、距離間隔や舞台上の位置に細かい神経が行き渡ってなかった。
……

第二「ステンカ・ラージン」は期待に反して平凡だった。この一座のドラマチックバレーはシェーラザードで大いに認めていたので楽しみにしてゐたのだが。……演出者ソコルスキー自らヴァスカ・ホウス《ママ》の役を引き受けてゐるが、例によってただ舞台をあちこちするだけで一種の空気を醸成する様は一流の芸術家としてみとめてよからう。……

さらに希望することは前回の「プレセジュ〈Les Presages〉」の如きモダンバレーの野心作をもっとどんどん取り上げてもらひたいことである。

「水上十郎」はある程度バレエ批評眼を持ち、上海バレエ・リュス公演を見守って来たことが分かる。またダンサーたちの力量が不揃いであったこともうかがわれる。

同年五月二日、大陸新報社主催「上海におけるルシアンバレー　現地文化を語る座談会」が開かれた。[231] 座談会出席者は次の面々である（掲載順、肩書は掲載のまま）。

エス（バレエ・リュス顧問）、ソコルスキー（バレエ・マスター）、高木辰男（上海交響音楽同好会同人）[232]、籠谷文雄（同前）、佐々木？？[233]（同前）、清野久美（上海画廊）、升屋治三郎（劇研究家）、辻井正勝（在滬〈上海〉劇作家）、服部数政（リッツ劇場）[234]、塚田照夫（同前）、大陸新報社：霧島理事、児島編輯局長、川口記者

このうち升屋治三郎は上海在住の長い演劇評論家で、魯迅と交友があった。[235] 高木辰男は上海交響楽団のヴィオラ奏者である。[236] この顔ぶれは、単に上海の日本人芸術家・批評家を音楽・劇・絵画の分野別に、頭数をある程度そろえただ

け の体である。紙上での発言者はエス、ソコルスキー、高木、籠谷、服部、升屋、児島、霧島、川口だけである。

この座談会は、上海バレエ・リュスがライシャム劇場ではなく虹口（日本人居住区）で第一回公演を行うにあたり企画された。それを機に、「極東」新秩序において上海バレエ・リュスが如何に貢献すべきか、検討することを目的としていた。[237]「エス」は、日本人居住区への上海バレエ・リュス進出の意図、日本人のバレエ鑑賞力について、次のように語る。

> 極東に在住してをる我々としてはどうしても極東の大きな勢力であるし又同時に我々の芸術を最も能く理解する日本人に対して我々のバレーを見せたいと思つてゐます。……
> 日本人と外人との間には芸術に対する理解においては優劣に差がないと思ひます。

ただ、この発言の「日本人」がどの程度存在したかは疑問である。なぜなら、続く「バレーと観衆」の議論では、日本の「大衆」が芸術を理解できるのかという疑問（籠谷）に対し、応答はどれも歯切れが悪いからだ。升屋は、まず識者が「バレー」を「日本のオーデイエンスに判る様に努力を払って戴きたひ」と述べ、バレエは大衆から乖離するものではなく、「目と耳から受けるバレーの興味といふものは、皆さんがお考へになるよりも、もっとイージーなんです」と言う。これを受けて高木も、「目で観る方が大衆にはイージーですね。シンフォニーもオペラも好ひがこれは高級過ぎて範囲が限られてをる。バレーなんかは見れば解るものですからね」と同調している。要するに、まだ日本の「大衆」の鑑賞力は不足だが、視覚的芸術であるバレエは交響曲よりは分かるのではないか、と弁護するに留まっている。さらに上述の升屋の「皆さんがお考へになるより」という発言より、座談会参加者の中にもバレエを解さない者がいることがうかがわれる。従って、エスの言う「我々の芸術を最も能く理解する日本人」は少数派であったと推察される。

総括として川口記者は、バレエは西洋文化であるものの、「芸術については日本人は非常に進歩してをる」から、「この連中を見守っていく上において」、内容などについて日本人側が「数々の要求もドンドン持ち出しまた時代性といふことにも反省を促す」べきだと提言している。「この連中を見守っていく」というくだりから、少なくとも新聞社側は、上海バレエ・リュスには日本人がいないと認識していることがうかがわれる。同記事内に上海バレエ・リュスのダンサーの名前がプリマから群舞まで掲載されているが、小牧正英の名はない。

座談会の終盤、鑑賞者としての日本人と中国人について発言を求められたソコルスキーは、「文化の程度が違ふことは致し方ない。中国人は非常に保守的でバレーといふやうなものを研究などしない。……日本人はアメリカ辺りまでバレーを研究してをるが、支那ではさういふことは絶対にないので今強ひて〈中国人にバレエを〉見せやうとは思はなかった」と答えた。前章で紹介した通り、呉暁邦や盛婕、張愛玲ら、少なくとも若干の中国人は上海バレエ・リュスの公演を興味深く見ていたのだが、中国人は「バレー」を研究せず、芸術理解において日本人は中国人より優れていると、ロシア人バレエ・マスターが断言する体裁になっている。

総じて、この座談会は、識者の意見を聞く体裁を取りつつ『大陸新報』記者の発言が大半を占めている。「極東」の文化を主導すべきは日本であり、国際的な文化団体上海バレエ・リュスも日本人に主導されるべきだ、という新聞社が予め作った筋書きに沿って、参加者の発言を引き出した感がある。

座談会後初めての記事四一年五月二一日「海賊　バレー《ママ》ルス第一回虹口公演」は「海賊」の主要キャストを報じるが、そこに小牧正英の名はない。三日後の二四日、「南船北馬」欄「ロシア・バレヱ」はこの公演を「まづ成功」と評し、「新鮮あるひは膨大な芸術的野心が満足されたといふやうなものではなく、要するにバレエがきはめて気安く鑑賞できる心たのしい「娯楽」であることを、日本人の観客に証明して見せた」と評価する。ところが、同じ公演について後に草刈義人[238]は、「純粋な舞踊芸術として高く評価されたとは思へない。むしろ東京や大阪にあるレビューやショーと判然とした区別がつかなかったやうであった」と述懐している。[239]「南船北馬」は好意的、草刈は批判的な論調であるが、日本人観衆の鑑賞力が高くないとする点で両者の評は共通している。これより先の座談会を顧みるに、エスの「日本人と外人との間には芸術に対する理解においては優劣に差がないと思ひます」という発言は、日本人へのリップ・サービスであった可能性が高い。

ここで、上述の座談会記事にある名簿に小牧正英の名前がないことに関連して、小牧がいつ上海へ来たか、諸説をまとめておきたい。それらの説は、二つに分けられる。

一、一九四〇年、チャイコフスキー百年祭記念のバレエ・リュス公演の際に上海へ。パ・ド・トロワとチャルダッシュを踊る。——小牧正英による説[240]

二、一九三九年頃、上海バレエ・リュスに招聘されるが、実現せず一九四二年八月に上海へ。解散同様のバレエ・リュスを再組織し自ら指導者となる。——草刈義人[241]、中川牧三[242]による説

「一」説に対する疑問点は、小牧が一九四〇年「白鳥の湖」で踊っていたならば、役付のソリストであるから、上述の座談会でその名が挙がらないのは不自然である。小牧がハルピンで踊っていた時の芸名「レオ・ドノオーレ」[243]も、上述の名簿にはない。「二」への疑問は、小牧正英は団員のイギリス人ダンサーとの交流を詳しく述懐していることから、太平洋戦争勃発前に入団したと考えられ、戦争勃発の九か月後では遅すぎる。本稿ではどちらとも絞りがたい。

一九四一年、虹口という日本人領域への上海バレエ・リュス進出を契機に増えていく『大陸新報』上海バレエ・リ

ュス報道は、次のように総括できよう。すなわち、国際的芸術・バレエを日本人が理解し、その芸術性に対し助言するほどの文化レベルを持っているのだ、と宣伝するというねらいがそこにはあった。その意図のもと、バレエ評で読者を啓蒙しつつ、日本人識者が上海バレエ・リュスのあり方を語る座談会を、文化面ほぼ全面に三日を費やして連載したのである。

三、“大東亜共栄圏確立のための文化的使命“（一九四三年）

本節では、『大陸新報』で一九四三（昭和一八）年に量的なピークを迎える上海バレエ・リュス報道の論調を、当時の上海の国際的状況を交えつつ追っていく。

一九四一年一二月八日、日本軍は共同租界に進駐した。英米国人など「敵国人」の転居・旅行は日本軍の許可制になり、郵便物は検閲され、集会、講演は禁止された。四三年には敵国人は上海の浦東など五か所の集団生活所に収容され、寝具、衣類など生活に最低限必要なもの以外すべての財産を強制的に整理させられた。(244)

上海バレエ・リュスのプリマ・バレリーナであった英国人オードリ・キングをはじめ、「敵国人」ダンサーたちは収容されてしまった。キングはロンドンでロイヤル・アカデミー・オブ・ダンスのバレエ教師資格試験に通ったバレリーナで、ベートマン・キング舞踊学校を主宰していた。(245) このバレエ学校は敵産撤収されるべきところを、陸軍報道部将校・中川牧三の計らいで小牧正英に託され、(246) 一九四三年『大陸新報』では「小牧正英氏の経営するアカデミー・デ・バレー(247)」と言い換えられている。

ライシャム劇場自体も一時は日本軍に封鎖された。当時ライシャム劇場でしばしば公演した聯芸劇社(248)の洪謨（一九

一三一　舞台・映画監督）は次のように証言している。「小牧正英って知っていますか？　舞踊家です」「彼は舞踊家ですが、ライシャム劇場が封鎖されるとき彼が来たのです、報道部を代表してね、というのは彼があの劇場に詳しかったからでしょう、舞台に出ていましたからね」[249]。日本軍が接収する際に、ライシャム劇場を拠点とする唯一の日本人である小牧に命じたと推測される。小牧正英は日本軍が上海を占領していた当時、各団体が日本の文化機関に提出する公演の届を仲介する職務も果たしていた[250]。

上海バレエ・リュスと共演してきた工部局交響楽団も四二年六月より日本に移管され、上海交響楽団と改称した。これを再組織するため軍関係者を交えた「上海音楽協会」が結成され、楽団の運営は、榎本泰子が指摘する通り文化工作の一つと位置づけられた[251]。次節で述べるように、この交響楽団の共演団体上海バレエ・リュスにも「文化工作」の影響が及んでいくのは、自然な流れであろう。

一九四二年『大陸新報』では上海バレエ・リュスの消息が一時消える。その後、一九四三年三月二四日『大陸新報』「ロシヤン・バレー團公演　ライシャムで」は、上海バレエ・リュスを「現在日本人によって指導されてゐる世界的な存在」と称す。翌日「小牧氏ら舞踊手紹介」では「小牧正英とシュウイルギン」の写真を添え（図18）、次回公演『白鳥の湖』では「男性第一舞踊手として唯一人の邦人小牧正英氏が出演することになってゐる」と語り起こし、小牧の出身、バレエ歴などを詳しく紹介している。続いてシュウイルギン、ボビニナ、スイトラーノフ、コゼニコワの略紹がある。ここで、二年前には上海バレエ・リュス・メンバーとして名前も挙がらなかった小牧正英が、プリマ・バレリーナよりも先に、誰よりも長く紹介されているのである。

草刈義人「舞踊の春　上海バレエ・リュッスへの期待（上）（中）（下）」（四三年四月一、三、五日）は、『大陸新報』で最も長い上海バレエ・リュス評であるため、詳しく内容を見ていくことにする。草刈義人のバレエ知識は、榎本泰子が指摘するように、同時代日本人と比べ格段に高い。[252] 草刈の発言の中でも注目に値するのは、上海バレエ・リュスが「世界的に見て第二流か第三流の舞踊団である」[253] ことを指摘した点である。そのうえで、草刈はそれを「西洋古典舞踊（バレエ）の伝統を正しく継承した東洋における唯一の芸術的舞踊団体」と位置付け、「東洋において本格的なバレエを見る為には、上海のバレエ・リュッス以外には無い」とその存在意義を認めている。以下に引くくだりには、草刈が日本の舞踊界全体に詳しいことが示され、またバレエ、モダンダンス、民族舞踊などの混同を正そうという草刈の意図が見てとれる。

大正十一年の九月に来朝した世界最高の古典舞踊家アンナ・パブロワ以外に我国に来た舞踊家で本格的なバレエ芸術家はゐなかったのである。成程デニシヨン舞踊団、サカロフ夫婦、クロイツベルグとルウス・ペイジ……のような舞踊家が続々と我国を訪づれたが何れも民族舞踊家或いはモデルネ・タンツ……或はそのいづれにも属さない知的な独創的近代舞踊であってバレエの伝統を如実に示した舞踊家および舞踊団は一度も来演しなかったのである。

そして現在の我国には著名な舞踊家として高田せい子、テイコ・伊藤、石井漠、崔承喜、伊藤道郎、江口隆哉、宮操子、東勇作などなどその他在独中の邦正美、在米の新村英一の名が浮かぶけれども東勇作の舞踊団を除いてはいづれもバレエに属さない。しかも東勇作舞踊団は有名な蘆原英了の舞踊研究と相まって我国におけるささやかな邦人によるバレエ文化の一つであるが、リーダーである東勇作自身が欧米に留学したことが無く、したがって真の一流舞踊教師についた経験がないそうである。それであるから、彼の才能と努力が今日の彼の舞踊団を築き上げた点には最大の尊敬を払ふけれども、なほ上海のバレエ・リュッスとはかなり性質が違ふのである。

以上のように草刈は舞踊界を的確に把握した上で、上海バレエ・リュスを高く評価している[254]。草刈は、小牧正英については「欧州で第一流の教師についてバレエを習得した人は邦人では小牧氏より他はゐない筈である」と、舞踊そのものより出自を評価している。続いて、戦時下日本における上海バレエ・リュスの意義を、草刈がはっきり述べるのは次のくだりである。

今年に入ってバレエ・リュッスはさらに大東亜共栄圏確立のための文化的使命を自覚し全面的に日本側の援助を得るために経済的困難を排し今後毎月一回の定期公演をすることになり、……邦人や華人のために理解しやすいチャイコフスキー作曲『白鳥の湖』を出すことにして一ヶ月の猛練習をやった。……

われわれは洋服や外国語や洋食を自らが育つ糧として摂取してきたやうにこのバレエ・リュッスの芸術を自家薬籠中のものにする必要がある。何故ならばバレエが芸術であるかぎり、それは我々の心にふれて強い精神を育て、人間の理想を無限のかなたに伸張するからである。そしてわれわれも亦日本のバレエを通じて他日世界の人の心をつかむことができるからである。それ故にこそバレエ・リュッスの今後の動向に大きな期待を抱かざるを得ない。

すなわち、目下、上海バレエ・リュスは「大東亜共栄圏確立のための文化的使命を自覚」し、「全面的に日本側の援助」を得ようとしていると草刈は結論付けた。

他に、上海バレエ・リュスのレベルをバレエのステップを通じて評した記事として、四月六日今野秀人〈不詳〉

「美の饗宴―〝白鳥の湖〟を観て」を紹介しておきたい。

> 第一幕……パ・デ・トロワが始まった。ここで小牧正英氏の美しい舞踊がみられる。シ・ソイ〈Ciseauxか〉・アラベスク〈Arabesque〉、ゼテ・アントルナン・シネー〈Jute En Tournant Chaines〉、ア・サンブリエ《ママ》〈As-sanble〉・アントル・シャシス《ママ》〈Entrechat six〉等のバレエの技術が次々とあらわれ最後にグラン・ピルエット〈Grand Pirouette〉で氏は男性舞踊手としての最高技術を発揮した。今上海でグラン・ピルエットができるのは氏唯一人だとの事であるが、そのほかにも、アントル・シャシスをしながら側面に移動する場面で氏がバレエの伝統的技法を身につけてゐることがわかる。それればかりでなく特に音楽のリズムや情緒をつかむのにデリケートな感覚を持っている。それは彼の舞踊的律動が全く音楽とよく融合してゐることでわかる。

パ・ド・トロワは「シャフリユーギンの危なげのない伝統的な振り付け」によるが、引用の振付を見る限りでは、プティパ／イワーノワ版（一八九五年初演）に近い[255]。上海バレエ・リュスのレベルという観点からすれば、「上海でグラン・ピルエットができるのは氏唯一人だとの事である」ならば、男性ダンサーの技術はさほど高くない。女性ダンサーの方は、有名な見せ場である三二回フェッテを成功させ、「賞賛に値ひするプリーマ・バレリーナ」がいることを証明している。なお、今野が「観客の中に日本人や華人の数が戦前に比べて断然多くなった」と述べていることから、第二節でみた『大陸新報』による上海バレエ・リュス宣伝が功を奏し、日本人観客の裾野が広がっていることがうかがわれる。

以上のように四三年の記事はおおむね、バレエを深く解する識者が、日本の舞踊界にとって上海バレエ・リュスがいかなる位置にあるか、小牧が優れたダンサーであることを専門用語を交えて解説してみせた。それによって、上海バレエ・リュスは日本人ダンサーを主力とすること、国際的に通用する芸術レベルを誇る団体であることを印象付けようとしている。

四、上海バレエ・リュス代表としての小牧正英

本節では一九四三—四五年の『大陸新報』等により、上海バレエ・リュスの公演、関連する小牧正英の活動と、それらを取り巻く状況を追っていく。

前節のように日本版の上海バレエ・リュスの普及をはかる記事が続いたあと、その公演を支えている上海交響楽団の「無用論」(筆名：松岡生)が挙がった。[256] 松岡生は、上海交響楽団の「半数以上はユダヤ人乃至無国籍者である。演奏は主として外国人相手に河向ふで演じられる。無論日本人、中国人も聴きには行くだらうがその数は極めて僅かなものだ」と日本人、中国人への貢献度という観点から、その存在意義に疑問を呈する。軍備に集中すべき昨今、「外人楽手維持のために貴重な大金を費すべきときではない」、「上海交響楽団は我々は必要と思はない。一日も早く解散すべしと思ふが如何。」と問いかける。

これに対し、翌日「上響無用論を駁す」(筆名不鮮明)が、上海交響楽団の演奏会には多数の中国の若者も聴きに来ており、「真摯な態度で正しい情操を養はんとしてゐる」と反駁した。さらに翌週には、辻久一[257]「文化工作について」が連載される。[258] 辻は、上海は「日本の対支宣伝工作、いや国際的宣伝工作の緊要な中心地」であるため、国内の文化政策とは区別すべきだ、とまず上海の国際性に注意を喚起する。辻の発言で注目されるのは、従来、「敵側の日本誹

誇の宣伝が「野蛮国」であり「武力国」であり「非文化国」であるといってゐた」と証言していることである。敵国の誹謗に対抗するために、上海における日本の文化政策として「良き文化意志」を示すことが第一に必要だ、というのが辻の論理である。「良き文化意志」は、以下のくだりで具体的に説明される。

これ〈上海交響楽団〉を壊滅せしめることは音楽による日本の文化宣伝の手段を失ふことであるとの見地から、日本側の手によつてその存続を図ることが決定されたのである。この楽団の存続により、少なくとも上海の音楽愛好家は外国人、中国人、日本人の差別なく、とにかく毎週一回の「良き芸術」の雰囲気にひたり得るのである。しかしそれが、日本側の手によって維持されてゐるといふことは間接に日本の持つ「良き文化意志」の実物証明になることではないか。

のみならず、この足場あることによつて、山田耕筰氏の如き著名な日本の音楽家の来滬した場合にその立派な音楽的才能を中国人、外国人に示すことが出来るのである。……文化宣伝はあらゆる方面からなされねばならない。音楽もその例外ではない。かうした時、上海に日本人の主弁する一つの交響楽団の存在することが、国家宣伝の見地から見て無用か、有用か。

「良き文化意志」とは、国際的に通用する芸術団体を日本が維持することによって示されると辻は主張している。

辻の連載の周辺にある上海バレエ・リュス記事を見ておきたい。四月一八日「バレー〝白鳥の湖〟再演　来る二十六日」は、次回公演に向けて「小牧正英氏一行によって猛練習が開始されている」ことを報じる。五月七、九日の記事は「シエラザード」（ディアギレフ時代のバレエ・リュスのレパートリー〈以下ＤＢＲ〉）で「最近特に好調を示してゐる小牧正英氏がコゼーニコワを相手に主役を踊ることになってゐるので非常な興味と期待をかけられてゐる」と報じる。[259]五月二八日「小牧バレー塾温習会」は、当日「仏祖界蘭西愛路二十二号のスタジオで四十名のお弟子さんが父兄たちに日頃習ひ覚えた得意のバレーを心行くまで踊ってみせる、当日に小牧氏がバレーを分析して懇切に解説を試みることになってをり、有志の参観を歓迎してゐる」と報じる。これは日本人に向けたバレエ普及のパフォーマンスだったらしい。小牧正英は上海バレエ・リュスについて詳しく書き遺しているにも拘らず、この「小牧バレー塾」については全く述懐していない。推察するに、この「塾」は小牧あるいは上海バレエ・リュス側の意志に反して、文化工作者によって主宰された催しだったのではあるまいか。

関連して、四三年一〇月八日、上海バレエ・リュス公演「金鶏」〈DBR〉の記事によれば、小牧正英は「王子ギドン」、やはり主役級である。これに関して、本章冒頭に引いた朝比奈隆の述懐に注意すると、小牧正英は「ソリスト」と称され、主役級のダンサーを示す「プレミア・ダンサー」「プリンシパル」等では呼ばれない。その彼が一九四三年以降、主役を与えられ続けたのはなぜか。それは恐らく、日本側に配慮した配役だったと推測される。

四三年七月三〇日、仏祖界が日本へ引渡され、八月一日には共同租界が引渡された。以降二年間にわたり、上海は日本の軍政下におかれた。

それ以降、『大陸新報』の報道は少なくなるものの、これ以降も上海バレエ・リュスは活動を続けた。四三年秋に上演した『眠りの森の美女』では、小牧が「青い鳥」を踊るのを朝比奈隆は見ている。[260]『大陸新報』でこれ以降小牧正英の名が挙がるのは、四四年三月六日清川草介〈朝日新聞上海特派員、須田禎一〉[261]「文天祥（二）中国話劇観賞」である。「舞踊はバレーリュスの小牧正英君の指導になるだけにこよなく美しいものである。全劇の気分とマッチしない、と評するものもあるが、むしろ文天祥の近代人的性格を側面から浮き彫りにする手段とみてよい」と好評である。話劇「文天祥」（呉祖光「正気歌」改作、初演一九四一年六月上海劇芸社）は上述の洪謨が所属した聯芸劇社による公演で、中国人観客の熱烈な支持を得て半年間のロングランになった。[262] 但し、「文天祥」は当時観た日本人にも容易に読み取れる「歴史に仮託した抗日劇」であり、中国人が喝采を送ったのは台詞の抗日メッセージの方であった。

四四年六月一六日、上海交響楽団の公演記事として「舞踊劇「ペトルーシュカ」」〈DBR〉の消息が拾える。四四年春、朝比奈が指揮するオペラ「イゴール公」〈DBR〉のバレエを上海バレエ・リュスが担当した。敗戦の年にも「火の鳥」〈DBR〉、「白鳥の湖」、「エスメラルダ」等を上演した。[263]

『申報』には一九四四年―終戦の二か月前まで小牧正英に関する記事がある。それらの特徴は、上海バレエ・リュス（「俄舞踏団」等）を見出しとせず、「小牧正英舞踏会（一九四四年一一月三〇日）、「特殊舞踊演出会　日本最高舞踊手小牧正英主演」（一九四四年一二月二日）等、小牧正英を打ち出していることである。最後に見られる小牧正英の報道は一九四五年六月、ライシャム劇場における「上海音楽協会主催　小牧正英舞踊大会　春的魅惑」（六月五日広告）である。なお、戦後の『申報』には、「小牧正英もドビュッシーの「牧神の午後」の象徴主義を表現できなかった」と一度だけ言及がある。[264]

以上、一九四三―四五年の上海バレエ・リュス及び舞踊に関わる報道は次のように総括できよう。上海は国際的に注目される場であったため、上海バレエ・リュスを日本が管理し、維持することは、日本の文化レベルの宣伝になった。そのため日本政府傘下の新聞は、小牧正英を看板ダンサーとして、時には上海バレエ・リュスがあたかも小牧正英バレエ団であるかのように報道した。

小結

小牧正英について、上述したように戦後の日本バレエを育成したという点では異論がないが、その技術については懐疑的な意見が一部にある。

戦後、小牧らを中心に初めて日本で上演された『白鳥の湖』で主役を演じた松尾明美は、「〈小牧は〉ほめるのも上手だし、やさしいから、バレリーナにとっては踊りやすい相手ですね。……でも、小牧さんはきちんとしたバレエの勉強はしていない」と語り[265]、聞き手のバレエ評論家三浦雅士は「上海バレエ・リュスは、ディアギレフのバレエ・リュスとは無関係でしたね[266]」と受けている。戦前欧州でバレエを鑑賞してきた中川牧三は、上海時代の小牧の技術を低く評価している[267]。ダンサー／振付家薄井憲二[268]は、次のように語っている。

——小牧さんは、上海バレエ・リュスから帰って公演をはじめたわけですが、舞台についてどう思われましたか。

薄井　覚えているのは『牧神の午後』『薔薇の精』それから『ペトルーシュカ』。

——まさに、ディアギレフ・プロですね。

薄井　でもあまり感心しなかった。ディアギレフのものとはどうも違うような気がする。

——では、上海バレエ・リュスは本来のバレエ・リュスとは無関係だったんですね。

薄井　知っていた人は、ひとりもいなかったんじゃないでしょうか[269]。

戦後の小牧正英への評価は、草刈義人の上海バレエ・リュス評と重なる。すなわち、ディアギレフ・バレエ・リュスを正統に引き継ぐかどうかは疑問である。しかしその時代の日本バレエ界にとっては意義ある存在だというものである。

小牧の直弟子・関直人は、小牧から聞いた上海時代について、「日本の勢いが強かったころのことでしょう。だから上海での待遇も良かったらしい[270]」と語っている。ライシャム劇場を接収しに来たのは小牧だったという洪謨の証言も合わせれば、上海バレエ・リュス時代に小牧正英は日本軍のもとで働かざるを得なかったと考えられる。小牧正英個人はひたすら「舞踊家として青春の情熱を燃やした[271]」に過ぎなかったにしても、戦時日本の文化工作のために機能せざるをえなかった。

いっぽうで、小牧正英は少なくとも四年間は中国に滞在したにも拘らず、その回顧録には中国人ダンサーは一人として登場せず、日常的に中国人と交流があった形跡はない。戦後まもなく彼は、上海市立実験戯劇学校の校長で、フランス留学帰りだという「ミスターM」に招聘され、「近代舞台芸術とバレエの基礎訓練」を一九四六年春まで教えたという[272]。上海市立実験戯劇学校の創立期とは合っているが、初代校長である顧仲彝はフランス留学歴がなく、小牧が会ったのは別人であろう。ともあれ、小牧は半年間中国人学生に舞踊を教えたことになるが、その間の教学や人的交流について何も述べておらず、目下のところ彼は中国側に何ら舞踊の遺産を遺さなかったように見える。なお、ソコルスキーは上海市立実験戯劇学校の課外活動としてクラシック・ダンス研究クラスを一九四六年に教えている[273]。その意味では、上海バレエ・リュスは戦後の中国モダンダンスの育成に貢献したと言える。

第四章　一九三〇年代上海・東京の呉暁邦
——モダンダンスと演劇とのコラボレーション

はじめに

呉暁邦（一九〇六―一九九五）は、一九三〇年代に日本でモダンダンスを学び、帰国してダンスで抗日宣伝した稀有な存在である。

序論でも言及した通り、中国舞踊史において呉暁邦は日本での舞踊留学、舞踏研究所の開設、主な公演と開催地、代表的な演目といったトピックに沿って記述されてきた。いわば、呉暁邦が何故そこで踊ったか、何故その人物と知り合ったかということについては、舞踊史の興味関心はない。しかし、呉暁邦の初期のモダンダンスは、同年代の若い話劇人、映画人たちに影響を受け、彼らとのネットワークのもとで発展したのである。本章では、呉暁邦の三度に亘る日本留学をはさみつつ展開された彼の上海での活動を跡づける。それにより、一九三〇年代から四〇年代にかけて呉暁邦のモダンダンスの内容と彼の意識がどのように変わっていったか、またその発展が同時期日本・中国における演劇人、話劇人たちの活動とどのように結びついていたかを考察する。

一、日本留学：左翼演劇人の中国人留学生たちとの交流

呉暁邦は幼名錦栄、一九〇六年江蘇省太倉県の貧農に生まれたが、乳児のうちに富裕な呉家の養子になった。少年時代を蘇州で過ごし、東呉大学付属中学で教育を受ける。一九二一年、養母の投資する江蘇省典業銀行で二年間見習社員を経験したのち、勉強不足であることを自覚して独学を続け、上海への移住を機に一九二三年滬江大学付属高校に入学する。在学中の一九二五年には五・三〇デモ行進に参加し、共産党に興味を持ち始める。翌年持志大学に進学すると友人の紹介で中国共産主義青年団に入団し、続いて武漢に中央軍事政治学校が創設されたと聞いて転学した。だが間もなく国共対立のために学校が機能しなくなり、一九二七年五月上海へ戻った。党組織のもとで広州にしばらく滞在したあと、知人の斡旋で祖母の住む太倉県沙渓鎮の中学教員となるも、革命思想を宣伝したために一年で解雇された。そのほか一連の愛国的活動によって沙渓鎮では危険人物視されるようになったこともあり、一九二九年春、呉暁邦は名目としては音楽を学ぶために日本に渡った。

当時日本に留学する学生たちは、留学そのものよりも日本で左翼思想に触れることを目的としている者が多かったという[274]。呉暁邦の最初の留学もそうした動機であったと類推できよう。

一―一　第一回留学一九二九年春―一九三一年九月

一九二九（昭和四）年春、呉暁邦は東京新宿区若松町[275]に住み始め、日本語補習学校へ通う傍らバイオリンを三年間習った。彼が最も好きな作曲家はショパンであったため、一九三一年春よりその音に寄せて「暁邦」と名乗るように

なったという。下宿が早稲田大学に近く、彼は大隈講堂の演劇や歌劇、舞踊劇を観るようになった。

当時、大隈講堂ではブラスバンド、邦楽、伝統芸能、ジャズ、管弦楽、映画上映、漫談まで、学内外の様々な文芸イベントが開かれていた。映画や外部の公演は有料であったが、早稲田大学生のアマチュア演劇等は無料であった[276]。呉暁邦は、大隈講堂で色々な演目を観る中で、早稲田大学生の創作舞踊劇に触れ、それが彼とモダンダンスとの出会いとなった。このアマチュア創作舞踊劇については不明だが、当時、全日本無産者芸術連盟（NAPF）の結成（一九二八年）といった芸術界の左翼的な思潮に舞踊も影響を受け、プロレタリアをテーマとするアマチュア創作舞踊会等も催されることがあった。舞踊研究家・日下四郎はこうしたプロレタリア舞踊の踊り手について、高田せい子、石井漠門下等で舞踊訓練を積んでいない「演劇関係者の、リズミックのような舞踊訓練を多少受けた人たちではなかろうか[277]」と推測している。呉暁邦が見た学生の創作劇も、同類のものであったと考えられる。

同年五月二九日、日本のモダンダンス界において石井漠と並び称された高田雅夫が没した。六月二三日大隈講堂で「高田雅夫を偲ぶ舞踊と映画の夕」が開かれており、呉暁邦もこれを鑑賞したことと推測される。この後秋にかけて、呉暁邦は日比谷公会堂等にも舞踊を見に行くようになり、一九二九年冬、高田舞踊研究所の門下生となった。研究所が東中野にあったため、その付近に引っ越した。

東京では、すでに中国人留学生による文学活動、演劇活動の輪が出来ていた。当時東京にいた中国人留学生のうち、帰国後に呉暁邦と関わりを持った演劇人に許幸之（一九〇四—）、司徒慧敏（一九一〇—）[278]がいる。彼ら美術を学ぶ中国人留学生たちは東京で青年芸術家連盟を結成し、築地小劇場など日本の左翼演劇運動と関わりをもった[279]。高田せい子は一九二五年に築地小劇場を稽古場としていたことがあり[280]、築地小劇場の演劇と高田派の舞踊は交わるところがあった可能性が高い。

呉暁邦によれば、高田せい子はバレエを教えたがバーを使わず、ダンカンのモダンダンスの影響も見られたという。また彼女は当時の文芸思潮を自分の創作に反映させており、それが呉暁邦には強い印象を残した。[281]

一九三〇年一〇月三日、「日本特支」事件、すなわち中国共産党日本特別支部の検挙と銘打った中国人留学生の大量検挙により、太陽社、上述の青年芸術家連盟などに所属していた留学生たちが軒並み強制送還され、または抗議して一時帰国した。[282] 呉暁邦はこれに関わった形跡はないが、その後の活動に影響を受けたことは想像に難くない。呉暁邦の滞在中、一九三一年には左翼作家連盟東京支部（東京左連）も結成された。[283] 上述の許幸之、司徒慧敏は上海で、東京左連の葉以群（一九一一―）は重慶で、呉暁邦と協力し合うことになる。この第一回留学を語る際、呉暁邦はこの三者に言及はしていないのだが、極めて近い空間を往来していたのは確かである。呉暁邦は一九三一年満州事変が起きた後、それに抗議して留学を中断する中国人留学生たちとともに帰国した。

一―二　第二回留学一九三四年一月―秋、第三回留学一九三五年一〇月―一九三六年一〇月

第一回留学とは異なり、二回、三回目の留学時には、呉暁邦は抗日思想を伝えるための新しい舞踊表現を学びたいという目的を明確に持っていた。呉暁邦が杜宣[284]（一九一四―二〇〇四）、韋布[285]と知り合ったのは第三期留学中である。彼らもまた演劇に興味を持ち、築地小劇場と中国人留学生のネットワークを引き継いでいた。一九三五年、日本大学に留学したばかりの韋布は、ルームメートから呉暁邦という人が東京でダンスを学んでいるという噂を聞いた。

「社交ダンスを習っているのかい。」

「違う、違う！　社交ダンスなら彼は教師並みだよ。バレエを習っているんだ。」

「バレエ！」……私は当時、こういう主張を持っていた。すなわち戯劇において、ステージ上で主となるのは俳優だけであり、俳優の演技の美とは、舞踊の基礎訓練を土台としなければならない、と。だから「バレエ」という新鮮な名詞に飛びついてしまったのだ。[286]

当時の中国人留学生の中で舞踊を習う者は珍しかったことが分かる。さらに彼ら留学生たちが、呉暁邦が習っているのは舞踊の中でも「バレエ」だととらえていたことも分かる。韋布は右の通り演劇のために舞踊を知りたいとかねてより思っていた。そのためすぐ呉暁邦と連絡をとり、高田舞踊研究所でしばらく一緒に舞踊を習った。後に、江口・宮舞踊研究所で呉暁邦が習い始めた際も、韋布は一緒に受講した。

杜宣は青年芸術家連盟が開拓した日本の左翼演劇家たちとの交流を引き継いでいた。彼によれば、呉暁邦は文学創作には関わらなかったという。

呉暁邦は我々に言った。君たち文学創作に従事する者は筆で思想と技巧とを伝えるけれど、僕は呼吸と動作とで伝えるのだ、だから、僕は苦しく厳しい基礎訓練を行わなければならない、さもなければ舞踊創作をするすべはないからと。[287]

呉暁邦の舞踊家としての自負がうかがわれる。

韋布によれば、呉暁邦は山田麗介という名で舞台に立っていたという。[288] この芸名は、舞踊家・山田五郎（一九〇七―一九六八）にちなんだものかもしれない。なぜなら、山田は呉暁邦にとって身近で世代的にも近いダンサーであったからである。山田は築地小劇場経営部のスタッフであり、そこで習ったリトミックがきっかけで舞踊家に転身した[289]。築地小劇場では、ドイツのダルクローズ音楽舞踊学校に学んだ岩村和雄（一九〇一―一九三二）が俳優のみならずスタッフにもリトミックを教えていた[290]。山田五郎はその後米国で修業して一九二六年に帰国、凱旋公演は高田雅夫が援助するなど高田舞踊研究所とは昭和初期から縁が深く、戦後には高田せい子・山田五郎舞踊研究所として再スタートした[291]。なお、山田五郎は金春流能楽師の内弟子出身であり、モダンダンスに能の要素を取り入れた創作で評価されている。こうした自国の文化とモダンダンスとの融合という点が、呉暁邦に何らかのインスピレーションを与えた可能性もある。なお、韋布が演技は舞踊とは密接な関係があると考えるに至ったのも、築地小劇場の団員、職員がリトミックを訓練していたことの影響であろう。

呉暁邦は杜宣、韋布と交流する中で、それまでの一八、一九世紀音楽・舞踊志向を離れ、二〇世紀の舞踊芸術に目を向けなければと考えるようになった[292]。そのころ、高田せい子門下の江口隆哉と宮操子がヴィグマン・スクールで学んで帰国し、東京で舞踊研究所を開いたことを知った。そこで彼は江口・宮舞踊研究所で三週間夏期講習を受け、マリー・ヴィグマンの方法を学んだ。身体の使い方としては、呉暁邦は①動きを作りこんだり、矯正したりしない。②動きの弛緩と硬直に着目するといった方法を取り入れた[293]。また江口、宮の「手術室」「奇形」など現代生活に取材したテーマが呉暁邦には新鮮であった。後述するように、江口・宮の講習を受けたあと、呉暁邦は自分の創作方法に確信を持つようになった。

二、呉暁邦と上海演劇界とのネットワーク構築：一九三三―一九三七年八月

二―一　暁邦舞踏学校

『申報』に初めて「暁邦舞踏学校」の生徒募集広告が出るのは、一九三三年一〇月八日である。これは社交ダンス教師・張沁瑛（未詳）との研究所でモダンバレエテクニック〈広告表記は「Modern Ballet Technic」〉クラスを呉暁邦が、社交ダンスクラスを張が担当した。この研究所の広告は一二月に亘り五回掲載されている。

一九三三年一〇月一四日、中国左翼文化総同盟[294]が新亜学芸伝習所を創設した。これは木版画、文学、電影戯劇、舞踏音楽等のクラスを持つ芸術学校であり、戯劇電影科には黄子布〈夏衍（一九〇〇―一九九五、劇作家）の別名〉、洪深（一八九四―一九五五、話劇・映画脚本家）、司徒慧敏、応雲衛（一九〇四―一九六七、話劇・映画監督、文革中に惨死）、鄭君里（一九一一―一九六九、話劇・映画脚本家、文革中に獄死）らが名を連ねている。[295]「舞踏声楽」のスタッフとして呉暁邦の名がある。これより、一九三三年に呉暁邦は、一九三〇年代上海及び一九四〇年代における話劇界・映画界の重要人物たちと知り合っていたことが分かる。だがこの新亜学芸伝習所は三か月もしないうちに国民党に封鎖された。[296]

一九三三年一二月末の「暁邦舞踏研究所」広告の後、約一年、呉暁邦の消息が『申報』から消える。この間に彼は第二回目の日本留学に行ったらしい。次に呉暁邦の舞踊教室の広告が『申報』に現れるのは、一九三四年一〇月二三、二五、二七日「舞踊家・呉暁邦による社交ダンスレッスン〈舞踏家呉暁邦教授交際舞〉」であり、場所はフランス租界シャプサル路とある。そのスケジュールは次の通りだ。

特別クラス　火・木・土　七時半～九時半まで

速成クラス　正午から二時まで　出張教授二時半～五時まで

ここで呉暁邦は自分の表現手段であるモダンダンスではなく社交ダンスを、しかもかなり忙しいスケジュールで教えている。呉暁邦は、恐らく社交ダンスの需要が高かったため、社交ダンスばかり長時間教える毎日をしばらく送っていたことが分かる。

二―二　上海劇院楽劇訓練所

一九三五年二月、呉暁邦は上海劇院楽劇訓練所の講師となった。上海劇院とは、上海市教育局の潘公展（一八九五―一九七五、国民党幹部、ジャーナリスト）を所長、陳大悲（一八八七―一九四四、劇作家）を副所長として「民族本位の戯劇」を目指し、先ずは「楽劇」から着手するため組織された。同訓練所は公費で男女の俳優二十名を募集し、六か月で卒業という制度であった。(297)教員として呉暁邦、陳歌辛、宋春舫、徐半梅等を招聘した。呉暁邦と陳歌辛（一九一四―一九六一、作曲家）の親交はここから始まった。(298)

呉暁邦が当該訓練所で持っていた舞踊のクラスについては、以下のような記事がある。

教授はいずれも専門の技能を持ち経験豊富な才人である。特に呉暁邦氏は、私は彼が舞踊を教えているのをこっそりのぞいたが、舞台上で跳んだり跳ねたり、まるで「孫悟空大いに天宮をさわがす」のようであった。（李梅「上海劇院楽劇訓練所巡礼」一九三五年三月二五日『申報』）

李梅は京劇役者を観る基準で呉暁邦を観察しており、彼の舞踊表現ではなく、身体能力に感心しているだけである。

この上海劇院楽劇訓練所における呉暁邦と陳歌辛の合作として、陳大悲の楽劇「西施」がある。この劇は一九三五年九月末から一一月にかけてカールトン戯院で上演された。音楽を陳歌辛が、舞踊を呉暁邦が手掛け、「傑作」と評されている。[299] しかし、実際のところ好評であったのかには疑問が残る。なぜなら、上海劇院の前作「モダン夫人〈摩登夫人〉」が旧式な「文明戯」と評されたため、陳大悲は新作「西施」には新風を吹き込もうと歌唱と舞踊を採り入れたらしいのだが、[300] 彼が陳歌辛、呉暁邦という気鋭の芸術家たちに依頼したのは、相変わらず伝統的な「古代音楽」「古代舞踊」であったからだ。

上海劇院楽劇訓練所で呉暁邦は、モダンダンスを振り付けることは求められていなかった。従って、呉暁邦はそこで力量を発揮できなかったと言えよう。

二―三　呉暁邦の舞踊コンサート
呉暁邦と陳歌辛の「歌とダンスの夕べ」

楽劇訓練所の講師をしている間、一九三五年九月七日に夜、呉暁邦と陳歌辛は合同で米国婦人クラブにて「歌とダンスの夕べ〈歌踊之夜〉」を開催した。[301]『申報』は次のように報じている。

舞踊手の呉暁邦君は日本に七年間留学し、高田雅夫氏のもとで研鑽を積み、今回は呉君が帰国して初めての公演である。演目はドイツのベートーヴェン「エリーゼのために」、ポーランドのショパン「葬送行進曲」及び「幻想即興曲」、ボヘミアのドゥシーク[302]の「嘆息」といった世界音楽舞踊界で有名なものであり、このたびの陳、呉両君のジョイントコンサートは、実に中国芸術界に西洋の歌と舞踊を紹介する先鞭をつけた。

これが呉暁邦のいう第一回舞踊発表会だったと考えられる。但し、彼は自伝で「一九三五年九月、私は一人で第一回作品発表会を開催した」と述べている。つまり、陳歌辛には言及していない。当該自伝の脱稿が一九八一年であり、陳歌辛が名誉回復した一九七九年からあまり間がなかったせいであろうか。

このコンサートで呉暁邦が踊ったのは「葬送曲」（曲：ショパン「葬送行進曲」）、「浦江夜曲」、「傀儡」（曲不明）、「和平幻想」（曲不明）、「吟遊詩人」（曲：ドビュッシー「吟遊詩人」）、「小醜」（曲不明）、「愛の悲哀」（曲不明）、「嘆息」（曲：ドゥシーク、詳細不明）等一一のソロであった。一九三五年『時代』第八巻第六期はこのコンサートの主要演目について写真とコメントを載せている（図19―25参照[303]）。それを見る限りでは、抒情と内面の苦悩を表現した演目の中に、愛新覚羅溥儀を風刺した抗日モダンダンス「傀儡」（図26）が含まれたプログラムであった。呉暁邦の舞踊は、『申報』では好意的に報道されているが、次に示す通り『時代』では未完成と評されたようである。

中国の旧劇の中の舞踊技術といえば、リズムに即した動作及び各種の旋律に見合ったポーズがあり、それが中国の舞踊だといってよい。しかしこうした舞踊の遺産が現在の社会に決して相応しいものではないことは、周知の事実だ。従って、新しい中国の舞踊を創造しなければならない。新しい創造にはむろん新たな「技巧と意識」が必要であり、いわゆる新しい技巧とは西洋の技巧を紹介することであり、新しい意識とはどのように現実と密接な関係を結ぶか、作曲家が如何にして一層踏み入って社会を暴露し問題を解決するかにかかっている。

図19

図20

「葬送曲」

（曲：ショパン「葬送行進曲」

図19　葬列につらなる様子
図20、21　弔いの鐘が鳴り響く中での心情を表している。

（1935年『時代』第8巻6期、「舞跳時代　呉暁邦出演西洋舞踏会姿態」）

図21

いずれも1935年『時代』第8巻6期、「舞跳時代　呉暁邦出演西洋舞踏会姿態」より

図22「嘆息」
曲：ドゥシーク、詳細不明
国民のために入獄した囚人の嘆息、苦悶と失望を示す。

図23
「幻想即興曲」
（曲：ショパン「幻想即興曲」）
ポーランド独立の幻想。図は終盤のポーズ。

「吟遊詩人」

（曲：ドビュッシー「吟遊詩人」）

異郷をさすらう詩人の望郷悲しみを表現する。

図24　冒頭の軽やかな跳躍
図25　悲憤の表現

図24

図25

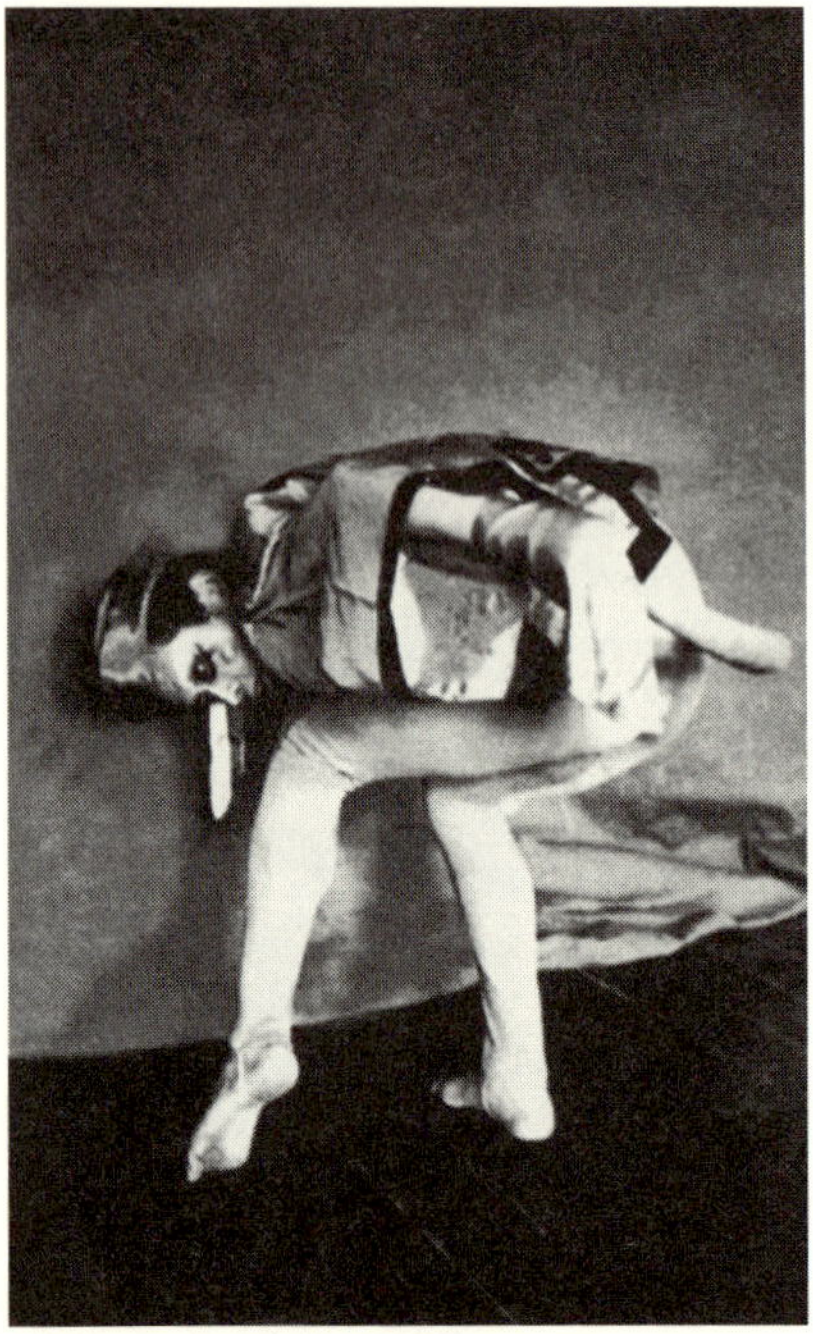

図26　呉暁邦「傀儡」1937
ダンサー：呉暁邦
上半身は愛新覚羅溥儀、下半身は犬を表している。

> 舞踊家呉暁邦君は九月七日に米国婦女総会で処女公演を開き、現在はただ西洋の技巧を紹介しているだけであるが、西洋音楽家の作品を解釈し、中国新舞踊を提唱する先駆者となった。

この記事は、呉暁邦が西洋の技巧を紹介した先駆者として認めてはいるものの、「現実と密接な関係を結ぶ」ことは出来なかったと評していると読める。呉暁邦自身は次のように述べている。「私はまだ上海の観衆と結びつくことができなかった。上海人はまだ私の舞踊を好まなかった。芸術において私はまだ幼稚な状態だった(304)」。彼は自分の表現に飽き足らず、また楽劇訓練所での役割にも恐らく満足できず、このあとすぐ一九三五年秋に第三回の留学に向かったと考えられる。

第三回留学後

呉暁邦が第二、第三回日本留学をし、中国演劇人、映画人とのコラボレーションという経験を積んだ後、彼の舞踊に変化があったのであろうか。一九三九年の舞踊会の内容、批評を見てみよう。

一九三九年六月六日、寧波同郷会で呉暁邦の「詩歌短品舞踊新作」が行われた。今回は、彼の学生たち李世芳、盛婕、揚帆、呉士雲、呂吉も出演した。演目は「牧童」（曲はムソルグスキー「子どもの歌」）、「伴侶」（図27、曲：ブラームス「恋人のもとへ」）、「悪夢」（曲：ラフマニノフ「けちな騎士」）、「バラに」（曲は詳細不明、「恋の歌」）、「時代の中で育ってきた人」（音楽なし）、「自由人」（詳細不明。行進曲）、「醜表功」（図28、曲：陳歌辛）、「心願」（図29、詳細不明、伝統音楽）等であった。『申報』はこれを評し、ムソルグスキーやブラームス、ラフマニノフといった「選曲は適切である」と評価している。一方で皮黄戯や昆曲の起用については、例えば盛婕の踊った「心願」にそうした伝統音楽が配されたために「牡丹亭の花園」[305]を連想させる等述べており、やや懐疑的である。ただ、呉暁邦の「舞踊芸術を打ち立てようという熱意には敬服する」と認め、またその舞踊表現が「明瞭でわかりやすい」という印象を述べている。

また「醜表功〈功績を吹聴するの意。京劇の演目の一つ〉」は呉暁邦のレパートリーとして既に知られていたらしい。

最も観衆の歓迎を受けたのは「醜表功」で、まだ舞台に出ないうちから、客席から熱い拍手が起こった。続いて暁邦が跳加官風[306]の出で立ちで登場した。この解釈は的を得ている。暁邦は、馮道は節操がないという解釈に則って表現しているのだ。しばし有頂天になって身体を揺らしているかと思えば、手をこまねいて愛想笑いをする。新しい解釈で馮道の醜態を生々しく表現しており[307]、私は喝采を挙げそうになった[308]。

売国奴を表現した「醜表功」は、観衆に人気があったことが分かる。呉暁邦は、この時代の創作について次のように述べている。

図28　呉暁邦「醜表功」1939
ダンサー：呉暁邦

いずれも于平、馮双白編
『百年呉暁邦』2008所収

図29　「心願」1939
ダンサー：盛婕

図27　「伴侶」1939
ダンサー：盛婕（前）、揚帆（後）

これらの舞踊を創作する際、バレエの美しいステップやポーズを使おうと考えたことはなく、中国人民の苦難の生活の中で逃走するイメージが私の創作の根源である。私はモダンバレエを踊ろうとか、民族舞踊を踊ろうとか、あるいはバレエをなどとは考えたことがない。……だからその時私の踊ったダンスは、すっかり一九三七年までの枠を脱していた。(309)

ただ、このコンサートは呉暁邦の右のコメントの様に抗日思想の顕著な作品ばかりではなかった。「伴侶」は写真を見る限りフラメンコ風の衣装を着た女性ダンサー二人、盛婕と揚帆の舞踊であり、「醜表功」等とは不釣り合いな華やかさである。呉暁邦の表現が、この時点で抗日を公式化、概念化したものばかりではなかったことが分かる。

合わせて注目したいのは、抗日舞踊の時代に呉暁邦が国民楽派「ロシア五人組」ムソルグスキーの曲を起用したり、足音のみで踊る等新しい試みを取り入れたりしているのと並行して、ロマン主義、新ロマン主義といった詩情溢れる曲も使い続けていることである。呉暁邦が観衆に応える表現を求めるうえで、自らの芸術的感性にも誠実であったことが分かる。

一九三六年一二月から一九三九年夏まで休刊した時期を除いて、『申報』は一か月以上のブランクなく呉暁邦の報道が続く。そのため、この間呉暁邦は上海をベースとして活動していたと考えられる。

二―四　救亡演劇隊への参加

呉暁邦は一九三七年九月、救亡演劇隊（上海話劇界救亡協会戦時移動演劇隊）に参加して上海を発った。(310)

救亡演劇隊とは、一九三七年七月七日盧溝橋事変に抗議し、抗日を劇によって宣伝するために各地を回った演劇隊である。瀬戸宏の研究によれば、救亡演劇隊の起源をさかのぼると、「左連末期に共産党系の演劇人によって結成された上海業余劇人協会にいきあたる」[311]。中国左翼戯劇家連盟は工場・学校・街頭での政治宣伝に活動の重点を置いていたため、国民党政府に弾圧され、活動が困難になっていた。それを克服し、話劇上演に力を入れるために結成されたのが上海業余劇人協会である。これを母体として、上海業余話劇実験劇団〈「業余《アマチュア》」と銘打っているが、実質はプロフェッショナルな劇団〉が一九三七年四月発足した。

当時の上海業余話劇実験劇団の公演広告には張善琨（?―一九五七、映画製作者）主催、理事会メンバーは応雲衛主席、秘書が陳鯉庭（一九一〇―二〇一三、劇作家、映画監督）、脚本・監督に史東山（一九〇二―一九五五、映画監督）、沈西苓（一九〇四―一九四〇、劇作家）、欧陽予倩（一八八九―一九六二、劇作家、俳優）ら、特約編導に田漢（一八九八―一九六八、劇作家。文革中に獄死）、于伶（一九〇七―一九九七、劇作家）、宋之的（一九一四―一九五六、劇作家）、阿英（ペンネーム銭杏邨。一九〇〇―一九七七、作家）、洪深、夏衍、曹禺（一九一〇―一九九六、劇作家）、陽翰笙（一九〇二―一九九三、劇作家）ら、近現代中国戯劇史における錚々たる面々が名を連ねている。その中で、舞踊部門として「特約舞踊顧問」に挙がっているのは、呉暁邦一人である。

夏衍によれば、盧溝橋事件後すぐ、文芸界の抗日と救亡（国難を救う）活動について于伶、洪深、応雲衛らと会合した。七月一〇日には共産党中央軍事委員会主席、周恩来と会見し、抗日のための共産党系、国民党系の文芸人の合作を説かれたという[312]。話劇界の有志が一三隊に組織され、上海には于伶の率いる一二隊と一三隊が残って活動し、その他は各地へ向かった。一九三七年末には一三の演劇隊が武漢にほぼ集結し、国民党の宣伝を司る政治部第三庁の下で再編された。この救亡演劇隊に参加したメンバーは、文化大革命期に「国民党の反共別動隊」であったとして激しく批判されることになる[313]。

『申報』によれば、呉暁邦が参加したのは当時「先鋒演劇隊」と呼ばれていたらしい。

本市の熱心な愛国青年である戯劇家・左明らは、厳しい国難と宣伝工作の重要性にかんがみ、早々に先鋒演劇隊を組織して成立させた。昨日臨時緊急会議を開き、左明を主席とし、義援金がすでに四〇〇元あるので本隊の出発のための旅費に当てると、即刻決議した。

…各部門の責任者を選んだ。結果は左明が隊長、呉暁邦が秘書、馬翎が総務、周守之が人事に選ばれ、また呉暁邦が演出となった。……（「出発目前の先鋒演劇隊　昨日臨時緊急会議を開き左明を正隊長に推挙」一九三七年八月一〇日『申報』）

「先鋒演劇隊」は二〇日ごろに前線に向かって出発し、隊員は左明、陳歌辛、呉暁邦、艾林、張芸、馬翎、莫耶、晨帆、路玲、夏野士、周守之等二十人余りであった[314]。

呉暁邦は自分が参加したのは第四隊だというが、田漢「抗戦戯劇改編に関する報告[315]」によれば左明が率いたのは救亡演劇隊第五隊であり、同隊は第二次上海事変（八月一三日）が勃発した一週間後には上海を発ったという。出発した時期は『申報』の「先鋒演劇隊」と一致する。ただ、第五隊は鄭州から西安を回って北碚へ至り、戻ってくるときに隊員は散り散りになり、左明もまた病没したと田漢は記している。これは呉暁邦の記すルート、無錫、南京、安慶を経由して一二月武漢に至ったという道筋とは一致しない。田漢がこの報告を書いたのは一九四二年と、呉暁邦の回想よりは記憶の新しい時期であるが、彼が隊の隅々まで把握していたとは限らない。非常時で流動的な活動であり、呼称が錯綜していたということであろうか。

呉暁邦は、上述の通り武漢に集結した演劇隊が今後の活動のために再編された際、隊から離れ、翌年春にかけて南昌で舞踊公演をし、上海に帰った。この間、詳細は不明だが五〇回以上の公演を行い、「私の踊るモダンダンスは、当時公演した話劇と同じくらい群衆に歓迎された」という。(316)

三、中法劇芸学校と上海劇芸社における活動：一九三八年一一月―一九三九年春

三―一　中法劇芸学校と上海劇芸社

呉暁邦が上海に戻ってきたのは、中法劇芸学校(317)に舞踊の教授として招聘されたからである。(318)多くの演劇関係者たちが上海を離れてしまったため、次世代の舞台人を育てる機関が求められていた。この中法劇芸学校設立の前身は、一九三八年七月に設立された上海劇芸社である。上海劇芸社は、上述の演劇隊の上海残留部隊を中心に「孤島」で話劇団体を結成する話が持ち上がった際、フランス留学帰りの李健吾（一九〇六―八二、作家、劇作家）が中法聯誼会にかけあって賛同を得、同会の戯劇組が組織を監督するという名義で成立した。(319)この上海劇芸社、中法劇芸学校の双方に関わった演劇人は多く、例えば阿英、李健吾、于伶、顧仲彝（一九〇三―一九六五、劇作家、戯劇教育者）、呉仞之（一九〇二―？　劇作家、監督）らが挙げられる。

中法劇芸学校は「中国、フランス両国の劇芸を愛好する人士及び中法聯誼会戯劇グループ同人が創立」したもので、(320)一九三八年一二月一日開校した。第一期の話劇研究速成科一班は、理論と実践を重視し、一年で卒業であった。入学資格には高級中学卒業レベルの学力と、「舞台芸術を愛し、舞台芸術によって社会に役立つことを望んでいること」(321)が求められた。同校に入学した盛婕（一九四一年に呉暁邦と結婚）が上海劇芸社の女優であったことから考えると、中

法戯芸学校は上海劇芸社の若手俳優の教育機関という役割も果たしていたのであろう。校舎は臨時にラファイエット路一五五号の国立中法工学院の中に置かれた。教務長は阿英、そのほかの教員には鄭振鐸（中国戯劇史）、李健吾（欧州文学）、顧仲彝（戯劇概論）、于伶（劇本創作）、呉仞之（演技）、呉暁邦（舞踏）、陳歌辛（音楽）等がいた。一九三九年二月一七日『申報』「学校彙訊」は、話劇、昆曲の二科以外に、映画科を併設すると報じる。

呉暁邦は同校でドイツ・モダンダンスと舞踊理論を教えた。上海でバレエを教えるロシア人ダンサーは多かったが、ドイツのモダンダンスは目新しく、学生たちは非常に興味を持ったという。また舞踊理論は一九三六年夏季講習で江口が教えた内容に則っていた。呉暁邦はここで一九三九年夏ごろまで教えた[322]。

一九三九年秋、中法劇芸学校は閉校した。『申報』はその理由を、母体である「中法劇社」に組織力が不足していたためと報じている[323]。

三―二　上海劇芸社「罌粟の花」

一九三九年春節、上海劇芸社公演の一環として、「罌粟の花」（呉暁邦原作、陳歌辛作曲）が中法劇芸学校の学生たちによって上演された[324]。

呉暁邦によれば、舞台も舞踊も未経験の学生たちを二か月鍛えて、この四五分間の舞踊劇を仕上げたという[325]。舞台経験が皆無で、踊ったこともない劇芸学校の学生たちに稽古をつけたのである。

「罌粟の花」（図30）は全五場で、次のような構成である。

第一場　田園の山河が美しい村落で、農民たちが土坡で種まきをしている。農夫たちが歌って踊る。

図30 「罌粟の花」1939
出演：中法戲劇学校学生
于平、馮双白編『百年呉暁邦』2008所収

第二場　罌粟の花の愛好者とその経営者たちが登場し、根を下ろす土地を探す。
第三場　罌粟の花が出てきて人間界を毒する。大地に農民たちが探し出されて来て拷問を受け、呻吟が大地を暗くする。
第四場　大地の愛の歌に農民たちは意識を取り戻し、また土坡に種をまき、歌う。
「愛によってよみがえり、愛の為にそして我々の為に、愛は世紀とともに前進し、愛は人間《じんかん》で永遠に生きる」、大地の男女たちは勝利する。大地の上で永久の愛、永久の自由を祝う。枯れた罌粟の花の周りで踊る。

「罌粟の花」は次のように評価された[326]。

「無言で道具も使わない。暗示と象徴による演出のそれぞれが、激しく感覚に訴えかけ、殊に音楽との一体感が観衆の情緒をわしづかみにして離さない」。
「これは孤島で唯一の「国防舞踊」と呼ぶに値する。意識が高く美しい作品で、東北でまさに敵に圧迫と搾取の罌粟の花が植え付けられつつあり、またその毒物が華北、華中、華南に移植されていることを考えると如何に警戒となり激励であることだろう」。

「大上海が陥落して以来、上海周囲は完全に毒された空気に覆われたようで、こうした毒化政策は敵の相対的な陰謀の一部である。……呉暁邦氏はこの問題に焦点を当て、私たちのためにこの「罌粟の花」という舞蹈劇を創り上げた」。

「呉暁邦のソロは何度か見たことがあり、素人の目から見ると力強さに重点を置いた踊りであった。そして「罌粟の花」はさらに群舞のエネルギーの強靭さを表している、侮るなかれ！」

「第三場の「愛は人間《じんかん》で永遠に生きる」は最も優れた一場であろう、音楽とステップともに「愛は心の中で沸き立ち、私たちは愛の為に犠牲になる」という精神を表現し得ている」（拾得『申報』[327]）。

「意識が正確である」（知白『中美日報』二月二四日）。

「全幕を通じて台詞は無く、歌も三曲のみで、その他はいずれも音楽である。見ている時には音楽が踊りに合わせているのか、あるいは踊りがその音楽を表現しているのか分からなくなり、双方は一つに溶け合っている」。「「其兄」と「帮凶者」は機械的な動作で「悪」の威厳を直接的に表現しており、「罌粟の花」の表情も同様に敢えて醜悪にしており、賛美に値する」（大農『華美晩報』二十日）。

以上より、評者たちは皆「罌粟の花」を植える者は帝国日本であり、罌粟の花は圧迫と搾取の象徴であると解釈していることが分かる。舞踊テクニックについては、少し練習不足ではあったが、音楽と舞踊表現との一体感、群舞のエネルギーはおおむね好評である。また、テーマと表現に関して高く評された点は以下のようにまとめられる。

一、国防ないし抗日の意識が「正確」である。

二、東北部侵略への批判と抵抗、勝利をタイムリーに表現している。

三、悪役がストレートに表現されている。

四、歌詞の内容が舞踊で分かりやすく表現されている。

音楽を担当した陳歌辛は、特に「終曲」が観衆に受けたことについて、次のように述べている。

「罌粟の花」はまだ始まりに過ぎない。この道に沿って進めば遠大な前途が待っていると信じている。なぜなら私は進歩的な観衆について歩いており、彼らはたゆみなく歩き続けているからだ。……これが過去のことになったとしても、この音楽と舞踊が到達した解放とそれが呼び起こした情緒の記憶を、何度も噛みしめることだろう。(328)

陳歌辛にとって、本作品は観衆に感動を与えたという手ごたえがあり、作曲者として満足のできる出来であったことがうかがわれる。

「罌粟の花」が好評だったことは、三月一一—一二日、一六—一八日、二二日、二五日に法工部局大礼堂にて再演されたことにもうかがわれる。(329) さらに、「罌粟の花」は舞踊劇という面でも新機軸を打ち出した。(330)

この後、呉暁邦は一九三九年八月香港の欧陽予倩に呼ばれて上海を発ち、桂林の新安旅行団（本書五章参照）を指導し、その後長沙を経て重慶に至る。その時点で、上海で呉暁邦と親しくしていた話劇人、映画人たちの殆どが重慶に集結していた。重慶での彼の舞踊活動は、この時期の上海での活動の延長線上にあったのである。

小　結

呉暁邦は丁度日本が表現舞踊を取り入れ始めたときに日本に留学し、それは中国の若手演劇人が日本の左翼演劇人と交流した時期と重なっていた。呉暁邦は中国の若手演劇人と知り合ったのをきっかけに、演劇人の抗日運動のネットワークに自ら組み込まれていく。呉暁邦が学んだドイツ・モダンダンスは、序章で紹介した通り文学・哲学と相照らしながら内面的な表現を模索するものである。従って難解にもなりうるが、一方で言葉は不要な身体表現であり、国防・抗日を表現する方法として有効であった。抗日戦争期は文芸工作者たちが大衆に分かりやすい言葉を求め、身体的な情報量の多い演劇、映画が活況を呈した。それにともない、同様に身体を媒体とする表現手段であるモダンダンスに対し、演劇人たちもその機能を認めて、呉暁邦と積極的に合作した。呉暁邦の方はこの合作によって国防舞踊ないし抗日舞踊を支持する観衆を獲得したのである。

中国モダンダンス史という観点からすれば、それは必ずしもモダンダンスの観衆の獲得ではなかったかもしれない。だが、モダンダンスの踊り手たちは呉の下で確実に育っていった。

第五章　抗日運動における舞踊家・戴愛蓮

——陳友仁、宋慶齢との関わりを中心に

はじめに

日中戦争期、米国UP通信記者として抗日活動を報道したユダヤ系ポーランド人、イスラエル・エプシュタインは、戴愛蓮[331]（一九一六—二〇〇六、舞踊家、中国舞踏家協会名誉主席、図31）の当時の活動を次のように伝える。

> あるとき、トリニダード生まれの戴愛蓮が救済支援の舞踏会を催した。戴女史は国立バレエの創始者の一人で、以前に香港で宋慶齢の保衛中国同盟を援助していた[332]。

戴愛蓮はいかなる経緯で抗日支援の舞踏会を催し、宋慶齢の保衛中国同盟を援助したのであろうか。舞踊辞典の「戴愛蓮」の項は、建国後の功績に偏重しているきらいがあり、保衛中国同盟への協力については踏み込んだ記述がない[333]。戴愛蓮自身も、宋慶齢に頼まれて開催したという程度しか述べていない[334]。筆者はかつて「中国バレエ前史」の重要人物として戦前の戴愛蓮を扱ったが[335]、彼女とその夫であった葉浅予の自叙伝[336]に沿って彼女の単独活動をたどるに留まっ

た。その後中国で出された伝記も、自叙伝の内容をなぞるだけである。[337]米国で出た伝記*The Story of Dai Ailian*は、戴愛蓮の舞踊譜を収録した点が新しいが、伝記的事項については同様に自叙伝の域を出ない。[338]これらに対し筆者は、孫文の外交部長を務めた陳友仁（Eugene Chen[339]一八七八―一九四四）と戴愛蓮とが親戚関係にあることに着目すれば、欧州華僑（華人を含む広義の華僑）の抗日活動という大きな流れの中に彼女の舞踊公演があり、また抗日芸術としての舞踊が浮かび上がってくることを発見した。

本章では、戴愛蓮―陳友仁―宋慶齢のつながりを軸として、戴愛蓮の欧州舞踊留学から香港陥落までの活動を跡付けることにより、戴愛蓮におけるクラシック・バレエとモダンダンスの受容を考察しつつ、戦時華僑の抗日運動において戴愛蓮の行動を意味づけたい。手順としては、まずトリニダード・トバゴ華僑である戴愛蓮の出自を踏まえ、二〇世紀三〇年代英独露の舞踊史の中で、戴愛蓮の舞踊留学の意義を問う。次に香港陥落までの戴愛蓮の抗日舞踊活動を周辺資料によって裏付け、欧州華僑の流れと関連させて彼女の動向を考察したい。

図31　戴愛蓮「思郷曲」1941
ダンサー：戴愛蓮
于平、馮双白編『百年呉暁邦』

一、トリニダード・トバゴ華僑の一族

カリブ海西インド諸島トリニダード・トバゴへの華人の移動は、アヘン戦争前の一八〇六年、砂糖農園の労働力として誘拐された「華工〈中国人労働者〉」たちに始まる。[340]続いて自発的に渡航した労働者の中には、苦難の末に自営プランテーションを持つ者があらわれた。さらにオレンジ、コーヒー、ココヤシ

家系図：陳友仁と戴愛蓮の親族関係*

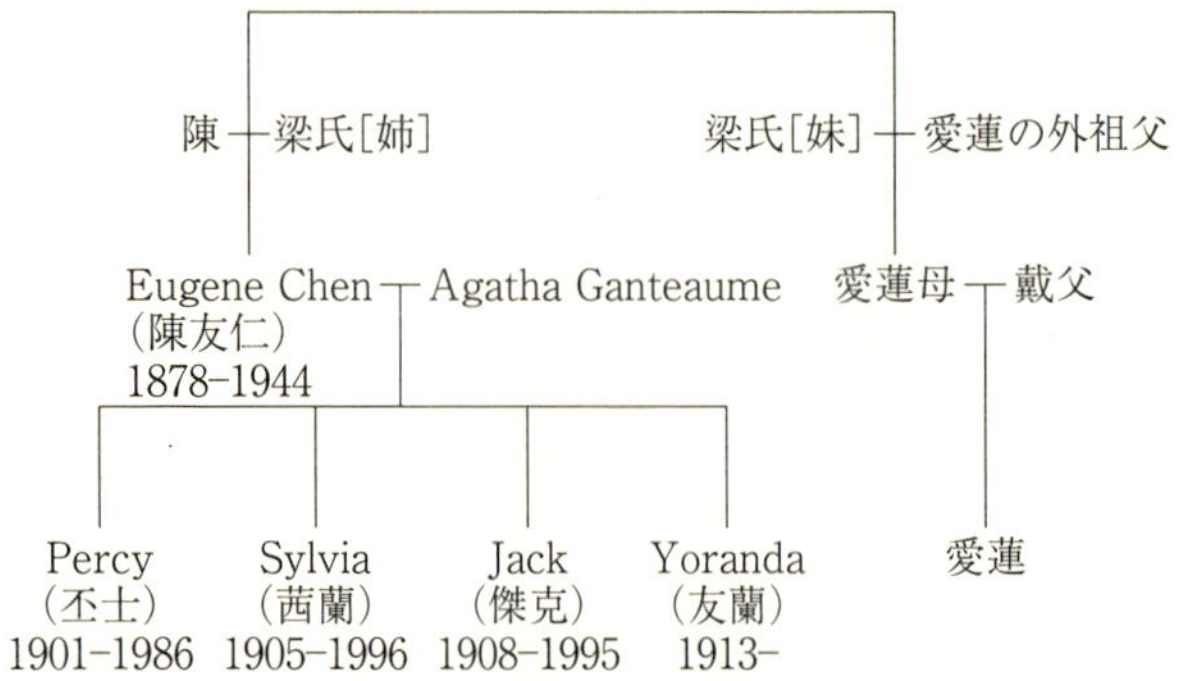

＊　陳元珍、2010、404頁の「家譜」および19頁、また戴愛蓮口述、2003、6-7頁を参照して筆者作成。ただし、本稿に関連しない友仁の兄弟、子、愛蓮の姉妹を省いた。

などの農園を経営するようになった富裕層として、陳友仁や戴愛蓮の祖先がいた。陳友仁の祖父母、戴愛蓮の母方の曽祖父母はともに、太平天国の乱の敗北を機にトリニダード・トバゴに逃れた[341]。いっぽう戴愛蓮の父は幼時に広東から移住した。戴愛蓮の母は、上の家系図の通り陳友仁の従兄妹にあたる。抗日戦の頃には、トリニダード・トバゴの華僑は約五千人いた[342]。戴愛蓮は、島の華人はほとんどが親戚であったと回顧している[343]。

　戴愛蓮が最初に受けたバレエ教育は陳家による。一九一一年、陳友仁は子女の教育のため妻子を連れてロンドンに移住した[344]。陳友仁の次女シルヴィア（一九〇五—九六）[345]はThe Stedman's Academyでバレエを習い、後に有名なダンサー、アントン・ドーリン（Sir. Anton Dolin、一九〇四—八四）となる少年も同じクラスにいた[346]。シルヴィアはトリニダード・トバゴへ帰省した際、数々のイベントで踊るとともに、戴愛蓮たち親戚の子供たちにバレエを教えた。その基礎をもとに、愛蓮は地元のバレエ教室へ通いはじめる[347]。一九二六年、陳友仁が孫文のもとで外交部長となるに伴い、シルヴィアも広東へ渡り、宋慶齢と親しくつきあい、二七年父と慶齢がモスクワへ飛んだ際は同行した。シルヴィアはモスクワのルナチャルスキー中等専門学校（The Lunacharsky Technicum）でバレエを習い、また個人的にイサドラ・ダンカン系のモダンダンスを学びつつ、小規模のリサイタルを開くようになる。[348]ドーリンがグラビアを飾る英国の舞踊雑誌『ダンシング・タイムス』を戴愛蓮が見たのも、恐らくシルヴィアを通してであろう。愛蓮はドーリンに手紙を書いて生徒となる許諾を得、一九三〇年母と姉とともに渡英した。スター・ダンサーとなっていたドーリンが植民地の一生徒を受け入れたのは、上述の通りドーリンとシルヴィアが旧知の間柄であったためと考えられる。当時、シルヴィア自身はソビエト各地で巡業していた。

以上の通り、トリニダード・トバゴ華僑の戴愛蓮は、はとこに当たるシルヴィア・チェンを通じてクラシック・バレエと出会った。さらに陳家が先に英国へ移住していたからこそ、戴愛蓮は英国留学できたと考えられよう。

二、第二次大戦前夜、欧州舞踊の状況と戴愛蓮における受容

戴愛蓮が英国で師事した舞踊家たちについて各舞踊事典は名を挙げる程度で、当時の欧州舞踊界における彼らの位置づけ、また彼らから戴が吸収したものの意義を検討していない。本節ではこれらの問題点を考察したい。

戴愛蓮が渡英する前年の一九二九年、バレエ・リュスを率いるセルゲイ・ディアギレフが客死し、それに伴ってバレエ・リュスが解散するという、国際バレエ界の大事件があった。ドーリンは、これを「ダンス界は崩壊した[349]」とまで称している。ドーリンらバレエ・リュスで育った英国人ダンサーたちは、大スポンサーの喪失をきっかけに英国バレエのあり方を真剣に模索し始めた[350]。いっぽうドイツではまだナチスが第二党であり、モダンダンスが勃興のさなかにあった。戴愛蓮の渡英は折り良くこうした時期に当たっていたのである。

英国で戴愛蓮が最初に師事したドーリンは、ロシアン・バレエと英国バレエをつなぐ重要人物の一人である。ドー

リンはディアギレフ下のバレエ・リュスで主役級ダンサーとして名声を得、まだバレエが定着していなかった英国にバレエ団を創設し、今日の英国バレエの繁栄をもたらした[351]。ドーリンは正式なバレエ教室を持たず、少人数相手にレッスンをつけているだけだった。ドーリンが戴愛蓮を受け入れたのは、上述の通りシルヴィア・チェンとの縁もあるが、加えてバレエ・リュスの解散以来ダンサーとしての収入が激減し[352]、生計を立てるために生徒をとる必要があったと考えられる。

戴愛蓮はドーリンに続いてマリー・ランバート（Marie Rambert、一八八八―一九八二）に師事した[353]。ランバートはリトミックの創始者エミール・ジャック＝ダルクローズに学び、ダルクローズ研究所の教員を務めた。ダルクローズのリトミックとは、北アフリカやアラビアの太鼓等に倣い、身体に原始的リズムを呼び覚まそうと考案された身体運動のシステムである[354]。この方法は当時多くの演劇・舞踊関係者に注目され、ディアギレフもバレエ・リュスに取り入れようとランバートを雇った[355]。ランバートはリトミックを教える傍ら、バレエ・リュスのダンサー兼トレーナーであったエンリコ・チェケッティ（一八五〇―一九二八）から彼の考案したメソードを習った[356]。従って、ランバートを通じ、戴愛蓮はリトミックとチェケッティ・メソードという今日なお権威のある舞踊の基礎を学んだと言える。ランバートは当時戴愛蓮の技量を「並（average）」と見なし、スター・ダンサーとしては認めなかったが、戴愛蓮の教師としての適性を評価し、中国で自分のバレエ団を持って指導者となるよう勧めた[357]。

戴愛蓮がクラシック・バレエの表現に限界を感じはじめたころ、マリー・ヴィグマン（Mary Wigman 一八八六―一九七三）の表現舞踊を見る機会があった[358]。その表現に衝撃を受けた戴愛蓮は、ロンドンで開かれていたヴィグマン系のレッスンを受け、身体とそれをとりまく空間、心理との関係を探究するラバンの理念に共鳴した[359]。

折しもパリで開かれた世界コレオグラフィ・コンクールで、ラバンの弟子クルト・ヨース（Kurt Jooss 一九〇一―七九）の反戦ダンス「緑のテーブル（La Mesa Verde）」[360]が第一位となった。戴愛蓮は当時、クラシック・バレエの厳格な技巧とモダンダンスの抽象性とのギャップに悩みつつ、それらの結合こそ理想的な芸術であると考えていた[361]。これはヨースの、「バレエとモダンダンスは敵対するテクニックではなく、ダンスの領域において歴史的につながっている」[362]という主張と重なる。ヨースは一九三四年、ヨース＝レーダー・ダンス・スクール（Joose-Leeder School of Dance）を英国デヴォン州ダーティントン・ホールに開校しており、戴愛蓮は同校で学んだ[363]。当時の戴愛蓮について、英国人ジャーナリスト、アーサー・クレッグは次のように証言している。

> Unity Theatre はフェニックス劇場で〈一九三八年〉四月二四日から三〇日までチャイナ・ウィークを開催し、Ai-leen Tai《ママ》が踊った。……Ai-leen Taiは、マリー・ランバートとアントン・ドーリンらにダンスを学び、その時はダーティントン・ホール・ダンス・スクールの学生であった。彼女はジャック・チェンの従妹で、『中国の赤い星』を読んで政治に目覚めていた。「私は苦しんでいる祖国のための一筋の光が見えたように感じるのです」と彼女は言った[364]。

このイベントは、英国の戦時中国支援団体the China Campaign Committeeによるもので、戴愛蓮は同団体がロンドンで開いたイベントに数回出演し、中国風の創作舞踊などを踊った[365]。このころ既に、中国における抗日戦は海外華僑と協力体制をとっていた[366]。欧州華僑と連動して、一九三六年九月、ブリュッセルで開かれた世界平和大会とパリの全欧各界抗日救国会設立大会に、中国の各界救国連合会を代表して陶行知らが参加している[367]。パリではこれと前後して反ファシズム国際大会が開かれ、作家ロマン・ロランが宋慶齢の平和に対する貢献を讃えた[368]。同年一〇月には旅英華僑抗日救国会がロンドンで成立した[369]。こうした動きの中で、戴愛蓮は抗日運動に関わり始めたのである。

英国にいながら戴愛蓮がドイツ系表現舞踊を学べたのは、ナチスがラバンらを迫害したことが遠因である。ナチスドイツが第一党となった当初、ラバンらドイツ系表現舞踊家はおおむね優遇され、ナチスは威容を誇る手段としてしばしば表現舞踊を用いた。そのため、ドイツ系表現舞踊はモダンダンス史においてさえ一九八〇年代頃までタブー視され、言及を避けられてきたのである[370]。しかし、ラバンはユダヤ人を援助した嫌疑で一時抑留された後、ヨースを頼って英国に逃れ、舞踊教育センターを設立した[371]。ここで研修を受けた戴愛蓮の収穫は、ラバンがヨースとともに開発した舞踊の記録方法、ラバノーテーションを習ったことであろう[372]。この記譜法は、後に戴愛蓮が中国各民族舞踊を採集する際に生かされた。戴にとって重要な意義を持ったヨースのスクールも、一九三九年九月英仏の対独宣戦布告に伴って閉鎖され、敵国人ヨースは収容所に入れられてしまう[373]。

関連して、同時期一九三八年一二月、崔承喜が、パリをはじめ独仏の都市で巡業し、絶賛されていた[374]。ロンドンでも公演予定であったが、第二次大戦開戦にともない、「在留日本人」である崔承喜は欧州を離れざるを得なかった。同じく日本に圧迫される民族であり、同世代のこの女性舞踊家に対し、ロンドンにいた戴愛蓮が無関心であったとは考えにくい。この同時期に、片や抗日運動として、片や「日本人」としてドーバー海峡の両岸で踊っていた戴愛蓮と崔承喜は、戦後、中国と朝鮮それぞれの現代舞踊を牽引することになる。

三、戴愛蓮と保衛中国同盟との接点

本節では、一九四〇年前後の欧州華僑による抗日運動状況を踏まえて、戴愛蓮と宋慶齢および保衛中国同盟との関わりをまとめたい。

ナチスドイツの勢力拡大にともない、欧州から華僑が相継いで中国へ帰国していた。一九三八年欧州から中国へ帰国登記した者は四三人、香港から中国へ帰国登記した者は三九人、一九四〇年には五四〇人に上った。[375]一九三八年、陳友仁も抗日運動に参加するために香港へ戻っている。[376]三九年秋、戴愛蓮が英国から帰国する中国人学生たちとともに香港へ向かったのは、これらの流れに乗ったと解釈できよう。一九四〇年三月には、シンガポール華僑陳嘉庚（一八七四—一九六一）が南洋華僑慰労観察団を率いて重慶入りし、熱烈な歓迎をもって迎えられた。[377]戴愛蓮は、陳嘉庚と前後して香港へ到着したことになる。

戴愛蓮は香港について間もなく、宋慶齢から保衛中国同盟の主催する義援金のための舞踏公演への出演を依頼された。[378]保衛中国同盟（China Defense League）とは一九三八年に宋慶齢が結成した、日本と戦う中国人に「世界中から」[379]義援金及び医薬品など救援物資を送り、また抗日活動を宣伝し報道するための組織である。宋子文が総裁、宋慶齢が会長、H・セルウィン・クラーク（香港総督府医師総監夫人）[380]が名誉書記、J・バートラム[381]および上述のI・エプシュタインが広報を担当した。香港は外国人や華僑の支援を得るために好都合であったため、保衛中国同盟は日本軍侵攻まで同地を活動拠点とした。このように、保衛中国同盟は欧米の名士が結集し、英字機関紙をもつ団体であったから、英語を母語とする戴愛蓮が活動しやすい場であったと考えられる。

戴愛蓮は宋慶齢に誘われた理由を、英国での戴の抗日活動を慶齢が聞き知ったのではないかと述懐している。[382]彼女の推測通り、保衛中国同盟は上述のthe China Campaign Committeeを含む各種義援活動とその募金の流れを把握していた。[383]さらに、宋慶齢は孫文の腹心の部下として陳友仁を信頼し、孫文の死後も宋慶齢と陳家とは親しく往来していた。[384]一九二七年の蔣介石のクーデターの際、陳友仁と宋慶齢は連名で蔣を批判し、続いてソ連との絆を強めるためともにモスクワへ赴き、陳友仁が欧州亡命を経て香港に帰国した後も、重慶国民政府に対して連名で抗戦方針を打ち出した[385]。なお保衛中国同盟と類似した活動として、宋慶齢が武漢政府衛生部長であった一九二七年にチャリティー・イベントを組織し、陳友仁の娘たちが出演したことがあった[386]。これら宋慶齢と陳友仁ファミリーの関係を考えれば、戴愛蓮が陳友仁の親戚であることを宋慶齢が知らなかったとは考えにくい。

抗日団体と日本の舞踊団体の大陸慰問公演を比較すると、日本は官主導で、軍部が許可し派遣するものであり、兵隊のための娯楽に供し、一般客を容れる場合も義援金を募るものではなかった。従って抗日義援金公演とは発想を異にしている。先に紹介した通り、保衛中国同盟結成以前、ロンドン等で抗日義援金公演が開かれていたことを考えれば、この発想は抗日運動を支援する華僑および欧米人がもたらしたのであろう。

四、戴愛蓮と抗日漫画との接点

本節では、戴愛蓮の舞踊と葉浅予の漫画との結びつきとその意義を考察したい。

戴愛蓮の出演する義援金公演に当たり、広報スタッフとして宋慶齢が依頼したのは、英文版『今日中国』の編集長、葉浅予（一九〇七—九五）であった。英語しか話せない戴と、葉は拙い英語と絵で意思疎通したという[387]。葉浅予は公演パンフレットに踊る戴愛蓮を描き、舞台監督および衣裳を担当した[388]。葉浅予の絶筆に『戴愛蓮四十年代舞台形象』があり、クラシック・バレエ、民族舞踊、モダンダンスを踊る戴愛蓮が描かれ[389]、葉浅予晩年の代表作と評されている[390]。

ここで、戴愛蓮に会う前の葉浅予について、主として彼の抗日活動に即しておさえておきたい。葉浅予は浙江の裕福な商家に生まれたが学業に挫折し、画才を生かして広告、看板や舞台デザインなどで生計をたてていた[391]。そのうち投稿した漫画が『三日画報』編集者の張光宇の目にとまり、葉は漫画家として採用される。一九二七年春、彼は淞滬警察庁政治部に呼ばれて芸術宣伝工作に従事しはじめ、上司の指示のままに国民党に入党し、宣伝ビラや絵を描いた。間もなく失業した葉浅予は、画家たち数名と上海漫画会を結成し、『上海漫画』（一九二七―三〇、中国美術刊行社）を創刊、連載漫画「王先生」の作者として一躍有名になる。[392] いわば葉浅予は、美術専門学校出身のアカデミックな画家ではなく、天性の画才を時流に乗せて成功した漫画家であったと言えよう。一九三七年、抗日救国の声が高まり上海漫画界救亡協会が成立すると、葉浅予は救亡漫画宣伝隊を組織し、抗日宣伝活動を展開する。[393] 具体的には、各地で「抗敵漫画展」を開催しつつ、『抗戦漫画』、『日寇暴行録』等を刊行した。漫画展は毎回数万人の観衆が鑑賞したという。当時識字率の低かった中国で、漫画は効果的な宣伝方法として期待されていた。[394] 武漢に至った漫画宣伝隊は国民政府軍事委員会政治部のリーダーであった周恩来と郭沫若の指揮下で抗敵演劇隊とともに改組され、抗日宣伝を行った。三九年漫画宣伝隊が重慶、桂林、香港へと分かれた際、葉浅予は香港へ赴くことを選び、戴愛蓮と出会うこととなった。

この時期の葉と戴愛蓮との関わりを考察するに当たり、漫画家としての葉浅予の評価を先行研究からおさえておきたい。坂元ひろ子は、上述の『上海漫画』時代の葉浅予を、新しい芸術としての漫画ジャンルを志向した「前衛的アーティスト」と位置付けている。[395] 葉浅予は雑誌メディアに水着やチャイナドレス姿、社交ダンスをする女性といった新しい中国女性のスケッチを掲載し、女性の理想的「近代的身体」を提示してきた。[396] 続く抗日初期、葉浅予ら上海の漫画家たちの状況について、瀧下彩子は「左翼作家でもなければ政府の御用文人でもない、いわばグレーゾーンに位置する作家たちが、「左」「右」の人間関係に様々に依拠しながら、抗日運動を続けようとする様子」と評し、ひいては「抗日運動という時流の波に乗ることで生活を安定させようとする様子、とも表現できるだろう[397]」と述べている。

葉浅予の「芸術しか分からず政治を解しない我々の頭脳では、新聞や噂でいろいろなニュースを見聞きしても、革命はそう簡単ではないらしいと思うばかりだった[398]」という回憶もまた、瀧下氏の解釈を裏付けていよう。葉浅予は抗日漫画活動の流れで、抵抗なく宋慶齢の協力要請に応えたに違いない。一方で、いわば女性の身体を表現媒体として扱ってきた葉浅予にとって、西洋舞踊を踊る戴愛蓮の身体は理想的な女体として映じたのではあるまいか。加えて、葉浅予にとって、党派の選択を迫られることなく抗日運動を開始した戴愛蓮が、彼を思想的にも解放する存在であったことは想像に難くない。一九四一年初め、保衛中国同盟の事務室で、立会人宋慶齢のもと、戴愛蓮は葉浅予と結婚した[399]。

漫画の宣伝効果に寄せられた期待から類推すれば、視覚と聴覚の芸術である舞踊も、文字を解しない民衆に訴えるに有効な手段であったと考えられる。また葉浅予にとって、踊る戴愛蓮をパンフレットに描くことは、近代的女性の身体を視覚的メディアで発信することの延長であったと言えよう。

五、一九四〇—四一年の戴愛蓮の舞踊

本節では、主として上述の保衛中国同盟のために戴愛蓮が踊った舞踊の内容と当時の評価を紹介し、その今日からみた意義を考察したい。一九四〇—四一年に戴愛蓮が香港、重慶で参加した抗日の主旨を持つ公演は、筆者が把握した限りでは**表**「一九四〇—四一年戴愛蓮の出演した義援金公演」の通りである。

これらと同様の活動として、一九四一年二月に重慶で開かれた義援金公演がある。これは中華文化協会と中華交響楽団が主催し、「陳丕士夫人」がロシア民族舞踊などを踊った[400]。「丕士」とは陳友仁の長男Percyの漢字表記で、夫人

はMacia Ivanovna Chenである。[401] 彼女はシルヴィアと同じルナチャルスキー中等専門学校出身であった。Maciaと戴愛蓮が同時期に同じ趣旨、同じ形式のイベントに出演していることは、国統区および香港での戴愛蓮の活動が陳友仁ファミリーと連動していたとみなす根拠となろう。

戴愛蓮が一九四〇年代に振り付けたモダンダンスについて、舞踊辞典類ではそれが表す抗日のストーリーと振付の概要が紹介されるものの、戴の受けた舞踊教育との関係や振付の由来、特に国民党に関連する内容については言及されない。ここでは章末の表に挙げた演目を中心に紹介し、若干の考察を加えてみたい。いずれもソロ・ダンスで、戴が自伝で英語名を示しているものにはそれを付した。

「国旗進行曲」（「前進」[402]、「行進曲」とも称する）

曲は組曲「三つのオレンジへの恋」[403]より第三曲「行進曲」（プロコフィエフ作曲、一九二一年ピアノ編曲版）。踊り手は中国のゲリラを体現し、「モダンダンスの表現技巧を用い、中国人民が一致団結して侵略者に反抗する不屈の英雄的な気概を表現した」[404]。衣装は宋慶齢のアイデアで「青天白日満地紅」をイメージし、上衣は青天白日、赤いズボンと右袖を合わせると青天白日旗に見えた。桂林や重慶ではピアノがないことも多く、太鼓を叩き伴奏に代えることもあった。[405]

「警醒（Alarm）」

Joose-Leeder School of Danceで創作、初演一九三五年前後。若いゲリラ隊員が初めて見張りに立つ心理を表現する。戴愛蓮がロンドンで見た、インドネシアの学生によるジャワ舞踊の動きと太鼓を取り入れた。左肘に太鼓を挟み、それを力強く打ち鳴らし、抗日への団結を表現しながら踊る。[406]

「拾穂女〈落ち穂を拾う女〉」

初演一九三〇年代末。曲はドビュッシーだが不詳。衣装は長衣で、尼僧風に髪を隠す場合と、長く垂らす場合とがあったらしい。聖書のルツ（Ruth）のエピソードを表現する。(407)

「東江」

初演一九四一年。曲は、重慶での公演ポスター（図32）によれば「ランバート〈郎勃尔脱〉」とあるが不詳。広東東江はゲリラ地区である。(408) 漁民たちが当地のゲリラに物資を送る際に日本空軍に爆撃され、舟が転覆し怪我人が出るが、懸命に物資を守り復讐の念に燃える。前半は軽やかな踊りで、後半は素早く緊張感を伴った動きで抑圧を表現する。(409)

「思郷曲」（図31）

馬思聡一九三七年作曲『綏遠組曲』より「思郷曲」(410)。一九四二年初演とする辞典類が多いが(411)、上述の通り一九四一年初演。内容は、日本軍の爆撃で一家離散した綏遠〈現在のフフホト周辺〉の女性が、往時の幸福な家庭を夢に見て、目覚めて悲嘆にくれるが、最後に勝利を信じて故郷に帰る様を表現する。長いスカーフを小道具に内面的な感情を表現し、中国古典舞踊の動きも取り入れている。

従来の中国舞踊史においては、戴愛蓮の初期の創作舞踊が、ファシズムを連想させる戦時ドイツ表現舞踊の系譜を汲んでいることへの言及は控えめであった。(412) だが、「国旗進行曲」のようにリズムで踊る振付は、戴愛蓮がランバートから習ったダルクローズ系リトミックを基盤としていると考えられる。また「警醒」、「東江」のように反戦というテ

表：1940—41年戴愛蓮の出演した義援金公演[1]

年月日	主催	出演	形式	演目	場所	収入の行き先
1940 10.18	保衛中国同盟	戴愛蓮、ほか不明	音楽舞踏公演	不明	香港： 九龍半島旅館	戦災孤児基金
1941 1.22	保衛中国同盟	戴愛蓮、斯義桂 香港合唱団	音楽舞踏大会	「警醒」「前進」「拾穂女」「東江」	香港： 娯楽戯院	国際和平医院 昆明恵康医院
1941 5.7—8	中華交響楽団[2]	中華交響楽団、戴愛蓮	音楽舞踏公演	不明	重慶： 国泰戯院	戦時公債運動
1941 6.17—18	中国製片廠[3]	戴愛蓮、呉暁邦、盛婕 中華交響楽団 中国製片廠合唱団	舞踏公演	「思郷曲」 「東江」 「国旗進行曲」 「合力」等 (第六章参照)	重慶： 抗建堂	不明

1　1940年の公演は尚明軒編、2009、418頁による。『新華日報』ではこれに関する記事を発見できなかった。41年の公演は『新華日報』同年1月30日、5月31日、6月5日による。

2　中華交響楽団は1940年重慶で馬思聡らにより民間団体として発足したオーケストラ。(中国大百科全書出版社編集部、1998、907頁)。

3　中国製片廠とは時代と所在地、名称の類似から中国電影製片廠のことと思われる。前身は35年国民政府軍事委員会が設立した漢口電影撮影場。抗日戦争勃発後、中国電影製片廠として改組。(張駿祥、程季華主編、1995、1354頁)

ーマを舞踊で表現する方法は、ヨース、ラバンから引き継がれたことは明らかである。なお文化大革命期、戴愛蓮は「国旗進行曲」で「国民党党旗」を着て踊ったかどで迫害されることになった[413]。

小　結

欧州華僑は、中国の抗日民族統一戦線よりも早く全欧レベルで抗日決起するとともに、国共両党支援を主張した[414]。戴愛蓮も同様に党派的な葛藤なく、救国の一念でこれに賛同したと推測される。戴愛蓮は欧州華僑の舞踊家としてまず抗日活動に関わり、華僑と中国とをつなぐ重要人物陳友仁との血縁関係を後ろ盾とし、英語圏の華僑が活動しやすい保衛中国同盟のもと、香港から重慶へと活動を広げてきた。

一九四一年一二月、香港が日本軍に占拠されたのに伴い、宋慶齢は重慶に保衛中国同盟の拠点を移した[415]。戴愛蓮は葉浅予とともに桂林に、続いて重慶に逃れる。一九四一年前後の中国舞踊界における戴愛蓮の功績は、ドイツ表現舞踊の流れを汲むモダンダンスを、上海、香港といった特殊な国際都市で大半が外国人の観客相手に披露するのでなく、国統区の中国人へダイレクトに発信したことにあろう。鑑賞した人々は、それをあくまで新しい中国の舞踊、新興芸術として歓迎した。

第六章　重慶における呉暁邦、盛婕と戴愛蓮の活動
——抗日舞踊と戦災児童教育

はじめに

本章は、一九四〇年初めに前後して重慶に移動した呉暁邦と盛婕、戴愛蓮が踊ったモダンダンスについて論述する。同地で彼らが踊った場は、抗日活動および戦災児童のためのチャリティー・コンサートである。

重慶での呉暁邦と戴愛蓮の舞踊活動について、拙稿二〇一五（五月）では両者の抗日舞踊が教育家・陶行知（一八九一―一九四六）[416]の抗戦教育と如何にコラボレーションしたかという観点から論じた。時系列的には呉暁邦、盛婕、戴愛蓮は、以下のように陶行知の戦災児童教育に関わっている[417]。

一九四〇年　呉暁邦と盛婕が桂林の新安旅行団[418]（陶行知の教育事業の一環）で教える。

一九四一年三月　重慶の育才学校〈後述〉に盛婕が招聘される。呉暁邦は重慶国立実験歌劇院で教える。戴愛蓮は葉浅予について重慶に来ていたが、呉、盛が重慶を離れることになり、後を引き継いだ。

一九四三年　陶行知が育才学校に舞踊クラスを設け、戴愛蓮を教員に招聘した。育才学校の音楽クラスと舞踊ク

ラスが合同で、チャリティー・コンサートを開いた。

まとめると、呉暁邦と盛婕が先に陶行知の教育事業に関わり、その第二弾となる事業に戴愛蓮が合流し、呉と盛が重慶を発ったあとは戴愛蓮が引き継いだ。そして、丁度この三者が陶行知の教育事業の上で交わった一九四一年六月、チケットの売り上げを抗日運動に寄付するための呉、盛、戴の合同コンサートが行われている。本章では、右の三つの事象の因果関係を意識しつつ、重慶で呉、盛、戴がモダンダンスを踊り、また指導した状況と反響、周辺の知識人たちの協力を中心に考察していく。

一、新安旅行団における呉暁邦の舞踊教育[419]

呉暁邦、盛婕は、一九四〇年六月、陶行知の教育思想を継ぐ新安旅行団の招聘で同団員に舞踊指導を始めた[420]。以下呉暁邦の回想をもとに、その実態を再現してみたい。

新安旅行団とは、各地を救国抗日宣伝して回った子どもたちの団体である[421]。陶行知が設立した新安小学を母胎として一九三五年に正式に結成され、共産党地下組織から秘密裏に支持される一方で、国民党から折々資金援助を受けた。当初は映画の上映を主な宣伝手段としたが、各地でそれぞれ演劇、合唱、舞踊、大道芸などの専門家の指導を受け、多様な宣伝形式を身につけていった。桂林に滞在した一九三八年から一九四一年二月にかけては、団員一〇〇名に上り、現地の子どもたちも宣伝隊として加わり、農村や戦災孤児施設で宣伝活動をし、兵士を慰問するなど、最も充実した活動期であった[422]。

呉暁邦は、新安旅行団を指導した専門家の一人だったと考えられる。呉は陶行知の「生活はすなわち教育である、社会はすなわち学校である」という思想に賛同し、彼らの招聘に応えた。呉が指導に当たった際、団員の年齢層は一〇代の前半を中心に九歳から二〇歳までで構成され、五〇人余りいた。レッスンは週に三時間×二回、後には三回に増やし、まずは四肢を柔軟にする基礎訓練を積ませ、一か月半後に以下二つのレパートリー、「春の消息」と「虎爺」を振付けた。呉暁邦によれば「春の消息」は、前述の「罌粟の花」を陳歌辛と創作した頃より、既に構想していたものである。

「春の消息」[423]　振付：呉暁邦　音楽：陳歌辛

第一曲「冬」　子供たちは大自然の風雪の中で飢えと寒さに耐え、肩を寄せ合って、厳しい冬を乗り切る。

第二曲「カッコウが飛んできた」　厳冬が子どもたちを脅かしているとき、遠くからカッコウの声が聞こえ、氷と雪が解け、温かい春風が子どもたちの顔に吹いてきて、みな鳥の歌声に合わせて踊り始める。

第三曲「進め、苦難の子どもたち」　春は子どもたちに生きる望みを与え、子供たちは団結して未来へ立ち向かう。大地の母が踊りながら踊る。（所要時間一五分）

呉暁邦は、V・エロシェンコ（一八九〇―一九五二）「桃色の雲」にインスピレーションを受けてこの作品を作った。[424]「桃色の雲」の中国語訳は、まず一九二二年魯迅訳で『晨報副刊・覚悟』に連載され、ついで一九二三年北京・新潮社から単行本として出版され、当時上海の若者の中では評判となった。[425] 原作は、人間界の若い男女の三角関係と、自然界の四季・花・動物等を擬人化して抑圧者と被抑圧者になぞらえた関係との、二つの世界をリンクさせながら、抑圧者の理不尽さを際立たせつつ弱者に寄り添った物語である。呉暁邦の振付は複雑な物語をシンプルに組み替えているが、魯迅がこれを訳した意図が「虐待された者の苦痛の叫びを広く伝え、わが国の人々に強権を有するものへの憎悪と憤怒とを沸き立たせることだけにあった」[426]とすれば、呉暁邦はそのメッセージを受け取り、この舞踊のテーマとしたと言える。いっぽうで顧みれば、この原作は日本語で書かれた童話である。恐らくそれを知りつつも、呉暁邦が「桃色の雲」を抗日劇に採り入れた姿勢は、彼が日本で学んだモダンダンスを抗日宣伝の手段としたことに通じる。

「虎爺」[427] 振付：呉暁邦、音楽：劉式昕〈不詳〉

第一幕「古い生活」　地主の趙福（綽名：虎爺）と二人の妻は農民に辛くあたっている。彼の長男徳光は国民党軍の参謀である。彼は日本軍がやって来ると聞き、父に一緒に逃げるように言う。趙福は財産を惜しむあまり、逃げずに祖先に祈るばかりである。日本軍は村に侵入すると趙福の妻を犯し家屋敷を焼く。

第二幕「旧いものの壊滅」　趙福の二男徳興は愛国青年たちの影響でゲリラとなり、父にも抗日運動に参加するように諭すが趙福は耳を貸さない。村の女性たちは、抗日ゲリラたちの出発を見送る。

第三幕「新しいものの息吹」　徳興の指揮でゲリラは活動を続ける。趙家の女中であった倩姑は徳興と恋仲である。倩姑は村の女性たちを率いて農作業をし、ゲリラ活動を支える。倩姑はじめ農民たちは、ゲリラを祝福する歌を歌う。

第四幕「新しいものの実現」　敵は徳興たちの活躍で一掃され、村民は家を取戻す。勝利を祝う人々に交じって趙福はこっそりと国旗を掲げ、一緒に新しい生活を打ち立てる行進曲を歌う中、幕となる。

「春の消息」に比べ、「虎爺」は日本を悪、抗日ゲリラを善とする勧善懲悪を図式化した内容になっている。またいずれもダンスというよりは、児童音楽劇のようなものであったことが分かる。この二つのレパートリーを新安旅行団は身につけ、一九四〇年秋から上演し、観衆から好評を得た。その後、呉暁邦は舞踊による宣伝を拡大しようと考え、新安旅行団が活動を続けている桂林を発ち、長沙抗敵劇団、広東省立戦時芸術館での舞踊指導を経て重慶へ移動している[428]。

呉暁邦・盛婕と戴愛蓮とはいつ出会ったのであろうか。呉暁邦、盛婕、戴愛蓮が一致して証言していることによれば、それは一九四一年四月、重慶における呉、盛の結婚式であるらしい[429]。結婚式では田漢の愛人安娥が花嫁の介添え人、呉暁邦の介添え人は上海時代からの知己・応雲衛がつとめたほか、重慶文芸界の人々が大勢列席し、重慶に着いたばかりの戴愛蓮、葉浅予夫妻も来たという。陶行知は呉、盛の結婚を祝す詩を送っている[430]。次節で述べる呉・盛・戴のジョイント公演は、正に結婚式の場で提案され、文化工作委員会の副主任であった陽翰笙が開催責任者となった[431]。

二、呉暁邦、盛婕、戴愛蓮モダンダンス公演：重慶抗建堂にて

一九四一年六月一七、一八日[432]、戴愛蓮と呉暁邦、盛婕は重慶のモダンダンス公演に出演し（図32、33）、チケット代は「革命烈士」に寄付されたという[433]。当初六月五、六日の予定であったが、五日日本軍の重慶空襲で大隧道窒息事件[434]が起きたため一七、一八日に延期されたのであった。主催は国民党政府政治部第三庁の傘下にあった中国製片廠、出演は戴愛蓮、呉暁邦、盛婕、中華交響楽団、中国製片廠合唱団、演目はいずれも戴もしくは呉の創作舞踊であった。

戴愛蓮によれば、このジョイント公演について事前に呉、盛と次のように相談したという[435]。

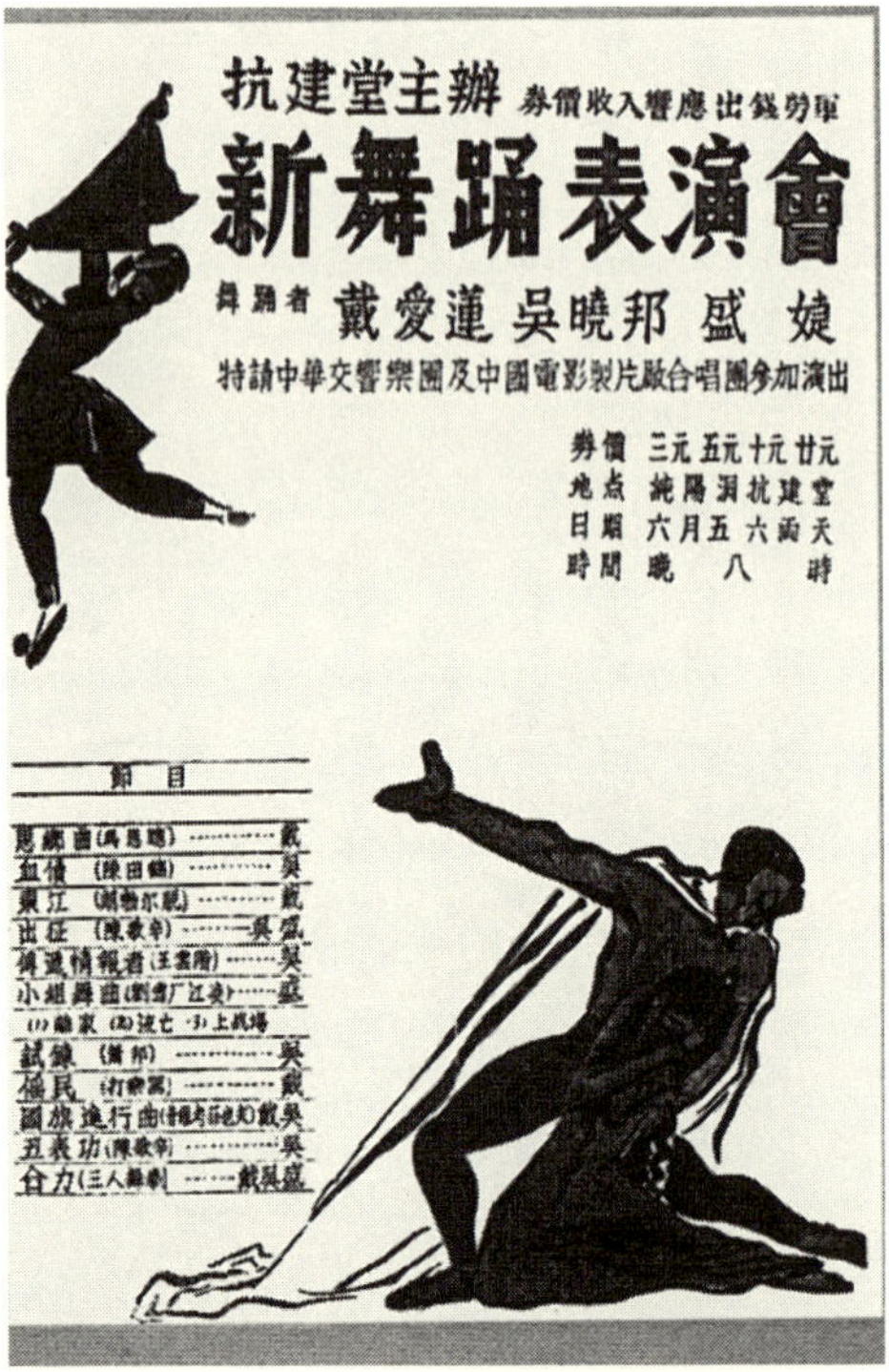

図32　1941年6月17、18日（当初5、6日の予定を延期）戴愛蓮、呉暁邦、盛婕のモダンダンス公演ポスター

図33　呉暁邦「合力」1941
ダンサー：戴愛蓮（右）、
盛婕（左）
于平、馮双白編『百年呉暁邦』

呉暁邦はこう提案してきた。

「あなたに一つの演目を出してもらって、私たち二人が踊る。私が提供する演目は、私たち三人で踊りましょう。」

私は同意した。私はソロ「行進曲〈進行曲〉を二人で踊るように作りかえた。呉は三人の踊りを振り付けた。題目は「合力」といい、私が「資産階級」を、盛婕は庶民を演じ、音楽はベートーヴェン、テーマは各階層の人民が団結して抗日するための宣伝であった。

呉が創作発表という意味で対等な関係でのジョイント公演を提案し、戴もそれに応じたことが分かる。この公演に対して、『新華日報』はまとまった批評を載せている。少々長いが紹介する。

戴愛蓮氏は西洋から厳格な「バレエ」テクニックの訓練とモダンダンスの新たな薫陶を受け、しばらく前に中国に戻り、呉暁邦氏と盛婕氏と手を携えて新たな舞踊活動をくり広げ、新中国の民族舞踊を創造しようと苦心している。これは非常に喜ばしいことだ。……

モダンダンス公演は全部で一一の演目があり、内容から分けると、「思郷曲」、「小組舞曲」は故郷への連綿とした情緒を描いている。「血債」、「東江」は侵略者の残虐な行為を描いている。「出征」「伝逓情報者」、「試練」、「国旗進行曲」は民族抗争における人民の思いを表現している。「醜表功」は漢奸の肖像である。最後の「合力」は、象徴的な舞劇である。

これらの公演の中で、私が成功していると考えるのは「血債」、「伝逓情報者」（舞踊：呉暁邦氏）、「思郷曲」、「東江」（舞踊：戴愛蓮氏）及び三人で振り付けた「合力」で、それに次ぐのが「小組舞曲」（舞踊：盛婕氏）だ。

パンフレットによれば「血債」は、大空襲の後、がれきの中で犠牲者の遺体を見つけた悲しみと怒りがこの踊りのテーマだ。踊りのプロットからいえば、冒頭では受難が表現され、死者の屍を見つけて深い悲しみに陥り、ついには怒りが爆発する。このプログラムは完全に内心の表現で、激しく、緊張感のある踊りで大きな怒りと恨みを感じさせ、一人一人の観衆の胸を貫き、狂った帝国主義——日本という強盗を攻撃せよと奮起させる。

「伝逓情報者」は伝令の任務に対する自負と、忠実さと、愛着を表現している。その任務が果たされた時、私は興奮して、パンテレーエフ[436]の「書類」を読み返したような気持ちになり、伝令に対して心から敬意を払いたくなった。

「思郷曲」は内に秘めた恨みと悲しみの情緒が、限りない懐郷の念をわき起こす。

「東江」は南国の漁師の静かな生活が、敵の空襲ですべて壊されてしまう様を表現している。前半は非常に軽やかで明快な踊りで、後段は急に速く、緊張感のある踊りとなり、その圧迫感は極限に達し、息もつかせない。

「小組舞曲」は一、出立、二、流亡、三、参戦の有名な三部曲からなる。前の二部は非常に感動的な踊りで、家を離れてから流亡する後半部は、情緒が次第に高まっていき、心に響く。第三部では勇ましく果敢に立ち上がり、戦場に駆けつける。全体的にはかなり成功しているが、踊りに「力」が欠けているようだ。

最後に「合力」について語ろう。これは三人の舞踊劇であり、二人のか弱い女性が、一人の男に襲われ、震えあがり、それぞれ命からがら逃げ惑う中で、何度か凶手にかかりそうになるが、力を合わせて撃退する。[437]

当該批評は、「この新しい舞踊は古い廃墟から新たに生まれた芸術の一つだ」と好意的に結ばれる。ただ、呉と盛の舞踊が「中国人の気概に合致する」と讃えられたのに対し、戴には「「バレエ」の技術は卓越しているけれども、この古典の遺物を徹頭徹尾新舞踊に発揮し、さらにそれを新中国の舞踊に発揮し、合わせて検討し、新たに「民族舞踊」の基礎を打ち立てて欲しい」と注文がついた。この記事より、当時の中国ではバレエが過去の遺物と位置づけられ、モダンダンスが望ましい芸術と考えられていたことがうかがえる。

その後、呉暁邦、盛婕は重慶を離れ、四川省江安の戯劇学校へ移動する。戴愛蓮は国立歌劇学校[438]の舞踊教育研究クラスでバレエとモダンダンスを教えたが、給料の不払いによりこれを約一年で辞し、一九四三年クラスの学生たちを連れて国立社会教育学院に移った[439]。葉浅予によれば[440]、当該学院に映画に従事する人材を育成するラジオ教育訓練クラスがあり、戴はそのダンス担当教師に招聘されたのだという。その後、彼女は陶行知[441]に育才学校へ招聘された。赴任する際、戴愛蓮は陶の許可を得た上で国立歌劇学校時代の学生、隆徴丘、黄子龍、彭松（一九一六―）[442]、呉芸、葉寧[443]らを伴った。彼らは舞踊教授の助手を務めるとともに、舞踊コンサートでは主要なダンサーとして、育才学校運営に貢献することになる。

三、育才学校舞踊クラス・音楽クラス合同音楽舞踊大会

育才学校は運営費の足しにするため、有料の音楽会をしばしば開いていた。一九四三年には音楽組主任の黎国荃（一九一四―六六）[444]のバイオリン・ソロ・リサイタルを開き[445]、一九四四年には毎月最終金曜日、学校で音楽の夕べを設けている。曲目はベートーヴェン、モーツァルトのほか育才学校の学生が作曲したもの等であったが、空席が目立っ

たらしい[446]。

一九四四年一一月重慶の抗建堂で開催された学校運営資金のためのチャリティー・コンサート「合同音楽舞踊大会」は、育才学校舞踊クラスと音楽クラス、及び戴愛蓮の弟子たちが出演し成功裏に終わった。このコンサート開催にあたっては、陶行知が重慶市市長に娯楽税の免除を申請したり、プログラムと招待券を送ったりなど奔走した[447]。国民党政府の娯楽税は当時重慶の舞台人を圧迫しており、舞台人たちは再三減免を請願していた[448]。

育才学校とその舞踊クラスの成立について、簡単に紹介しておく[449]。陶行知は日中戦争勃発後の戦災孤児の急増を憂い、予ねてより彼らのための学校を計画していた。陶行知は、戦災児童の中から文芸の才能のある子どもを育成する育才学校構想を実現するため、かつて彼の学生であった共産党員たちに援助を求めた。中国共産党南方局も当該学校を抗日民族統一戦線推進の基地とすべく積極的に支持したため、育才学校は一九三九年七月には開校に至った。教員は、文学クラスに艾青（一九一〇—一九九六）、音楽クラスに賀緑汀（一九〇三—一九九）ら共産党員、地下組織党員もしくはそれに近い立場の人材が占めていた。以上の通り、育才学校は共産党の援助で成立したいっぽう、国民政府教育部が国統区の学校にはすべて国民党員を派遣するよう定めていたため、名目上、育才学校では共産党員と非党員を国民党員として登録していた。一九四一年皖南事変が起こり、国民党による反共攻撃が激しくなると、育才学校はクラスによって異なる場所で教学を続けた。あるいは上述の新安旅行団と同様に、旅行団を組織して専門家を訪問し直接指導を受けては「抗戦建国」宣伝公演を行い、運営費を確保した。陶行知は新安旅行団での呉暁邦・盛婕の舞踊指導とその効果を見て、一九四四年育才学校に舞踊クラスを開設した可能性があろう。

育才学校に戴愛蓮を招聘するに先立ち、陶行知はいつ、どのように戴と知り合ったのであろうか。一九三六—三八年欧州の華僑に抗日宣伝を呼びかける代表として陶行知が渡欧した前後、戴愛蓮は英国で抗日宣伝活動を行っていたから、少なくとも戴は陶行知の名をこのとき知ったに違いない。また陶、戴に共通する友人、宋慶齢に即してみれば、まず一九三〇年代前半より宋慶齢と陶行知は抗日活動をめぐって共鳴しており、(450) 一九三八―三九年陶行知は欧州の帰りに慶齢のいる香港に滞在した際、育才学校設立のため計画を練っている。(451) その後まもなく戴愛蓮は英国から香港へ到着し、宋慶齢と知り合っている。このタイミングから、育才学校の舞踊クラスの創設に際して、宋慶齢が戴愛蓮を推薦した可能性も残る。

合同音楽舞踊大会プログラムの内容について考察する。筆者が入手したプログラムは中国語版、英語版いずれも手書きであるため、両方合わせても内容が不明なところもある。出来る限り解読し、一般的な日本語表現にしたものを以下（プログラム日本語版）に示す。

プログラム日本語版〈「」内は作品名、”“は本来の曲名〉

第Ⅰ部

一　”弦楽四重奏曲第二番イ短調作品十三第三楽章　インテルメッツォ“　メンデルスゾーン作曲

バイオリン：楊秉蓀(452)、陳貽鑫(453)

チェロ：黄暁×(454)　ビオラ：杜鳴心(455)

二　「レ・シルフィード」　舞踊：戴愛蓮　ピアノ伴奏：黄玉光

振付：ミハイル・フォーキン、ショパン作曲

”プレリュード“　イ長調

”ワルツ“　第11番変ト長調作品　70-1

三　〝セレナーデ〟　シューベルト作曲
バイオリン：楊秉蓀　ピアノ　伴奏：陳貽鑫
四　「空襲」　舞踊：戴愛蓮　エドワード・マクダウェル作曲
母親…周風風[456]
息子たち…隆徴秋、　黄子龍
娘の幽霊…戴愛蓮
ピアノ　伴奏　黄玉光
五　〝スケルツォ〟　ベートーヴェン作曲
バイオリン：杜鳴心
六　「驚醒」　振付：戴愛蓮　音楽：打楽器
舞踊：隆徴秋
七　〝マエストーソ〟　＊作曲者不鮮明＊
演奏　楊秉蓀、陳貽鑫
八　〝思郷曲〟　振付：戴愛蓮　馬思聡作曲
舞踊　周風風、呉藝
九　〝アレグロ〟　＊作曲者、演奏者ともに不鮮明＊
十　「新疆民族舞踊」　改編：戴愛蓮
舞踊　周風風

―休憩―

十一「夢」 振付：戴愛蓮、 パデレフスキ作曲 ピアノ 伴奏 黄玉光
舞踊 青年…隆徵秋 夢の中の娘…周風風

十二 〝弦楽四重奏曲第十一番ヘ短調 Op.95 第四楽章セリオーソ〟 ベートーヴェン作曲
バイオリン：楊秉蓀、陳貽鑫 チェロ 黄暁× ピアノ 杜鳴心

十三「ゲリラの物語」 振付：戴愛蓮 ブルクミュラー作曲
舞踊 村娘…周風風、呉藝 ゲリラ…王××〈不詳〉 彭松
日本軍兵士…隆徵秋、黄子龍

十四 〝マズルカ〟 ヴィエニャフスキ作曲
バイオリン：楊秉蓀 ピアノ 伴奏 黄玉光

十五 〝ロマンス〟 戴愛蓮振付 音楽：打楽器
舞踊 苗族の青年…隆徵秋、苗族の娘…呉藝

十六「落ち穂を拾う女」 戴愛蓮振付 ドビュッシー作曲 ピアノ 伴奏 黄玉光
舞踊：戴愛蓮

十七 ピアノ三重奏曲第三九番ト長調「ジプシー・トリオ」 ハイドン作曲
バイオリン：陳貽鑫 チェロ：黄暁× ピアノ：杜鳴心

十八「身売り」 戴愛蓮振付 ヴェストラウト作曲 ピアノ 伴奏 黄玉光
舞踊 父親…隆徵秋、母親…戴愛蓮 娘…周風風、呉藝 富豪…Wang Chuing-Yin

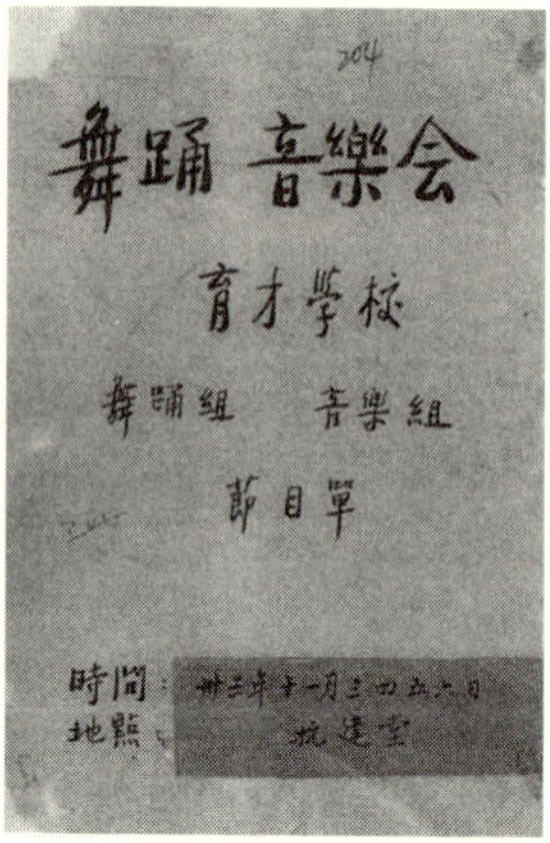

図34　育才学校舞踊音楽会プログラム表紙。1943年11月3—6日　重慶抗建堂。（重慶市档案館蔵）

十九　"軍隊行進曲"　シューベルト作曲
バイオリン：楊秉蓀、陳貽鑫　チェロ：黄暁×　ピアノ：
杜鳴心
二十　「行進曲」　戴愛蓮振付　音楽：打楽器
舞踊　王××　黄子龍
舞台装置：Yao Tsung-Han〈不詳〉　衣装：葉浅予

英語版プログラム（図35、表紙：図34）は、英語を母語とする戴愛蓮の手によるものであると考えてよいだろう。従って、舞踊の演目は、舞踊クラス指導者の戴愛蓮が提案したとほぼ確定できる。ここでは音楽の出し物については割愛し、舞踊についてのみ、その傾向をまとめておく。伴奏はすべてピアノか打楽器である。「レ・シルフィード」（*Les Sylphides*、一九〇七年ロシア、マリインスキー劇場初演曲：ショパン。図36）は、ディアギレフ・バレエ・リュスの振付師ミハイル・フォーキンによる。このバレエの高度な技術を要する演目は、戴愛蓮が一人で踊っている。抗日のプロットを表現するモダンダンスとしては、「空襲」、「驚醒」、「ゲリラの物語」、「行進曲」、「思郷曲」、「身売り」、恋物語を表現したものとしては「夢」、「ロマンス」、「拾穂女」、多くが前述の香港でのコンサート演目と重なっている。加えて戴愛蓮が改編した「新疆民族舞踊」という構成である。音楽は育才学校の少年たちが主であったが、舞踊には生徒ではなく、周風風、隆徴秋、黄子龍、彭松といった上述の戴愛蓮の弟子たちがキャスティングされている。他にも出演した群舞の生徒たち等いたのかもしれないが、プログラムからでは分からない。従って、プログラムで見る限りでは、戴愛蓮の教えた育才学校舞踊クラスの成果は不明である。

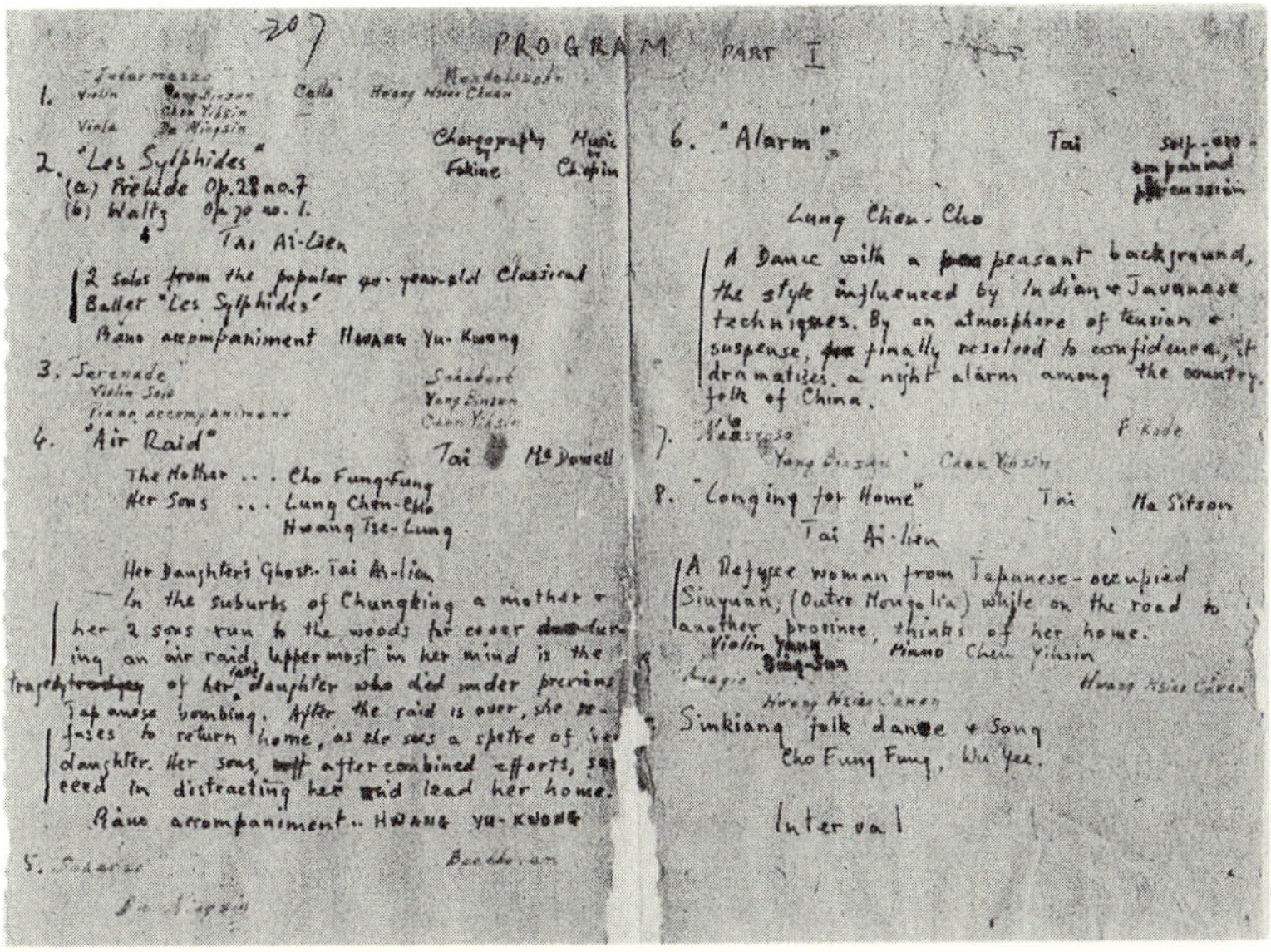

207

PROGRAM PART I

1. Violin Yang Binsan Cello Hwang Hsiao Chuan
Chen Yihsin
Viola Du Mingsin

2. "Les Sylphides" Choregography by Fokine Music by Chopin
(a) Prelude Op. 28 no. 7
(b) Waltz Op. 70 no. 1.
Tai Ai-Lien
2 solos from the popular 40-year-old Classical Ballet "Les Sylphides"
Piano accompaniment Hwang Yu-Kwong

3. "Serenade" Schubert
Violin Solo Yang Binsan
Piano accompaniment Chen Yihsin

4. "Air Raid" Tai McDowell
The Mother ... Cho Fung-Fung
Her Sons ... Lung Chen-Cho
Hwang Tse-Lung
Her Daughter's Ghost - Tai Ai-lien
In the suburbs of Chungking a mother & her 2 sons run to the woods for cover during an air raid. Uppermost in her mind is the tragedy of her late daughter who died under previous Japanese bombing. After the raid is over, she refuses to return home, as she sees a spectre of her daughter. Her sons, after combined efforts, succeed in distracting her and lead her home.
Piano accompaniment .. HWANG YU-KWONG

5. Du Mingsin

6. "Alarm" Tai self-accompanied percussion
Lung Chen-Cho
A Dance with a peasant background, the style influenced by Indian & Javanese techniques. By an atmosphere of tension & suspense, finally resolved to confidence, it dramatizes a night alarm among the country folk of China.

7. F. Kode
Yang Binsan Chen Yihsin

8. "Longing for Home" Tai Ma Sitson
Tai Ai-lien
A Refugee woman from Japanese-occupied Siuyuan, (Outer Mongolia) while on the road to another province, thinks of her home.
Violin Yang Bing-San Piano Chen Yihsin
Hwang Hsiao Chuan
Hwang Hsiao Chuan

Sinkiang folk dance & Song
Cho Fung Fung, Wu Yee.

Interval

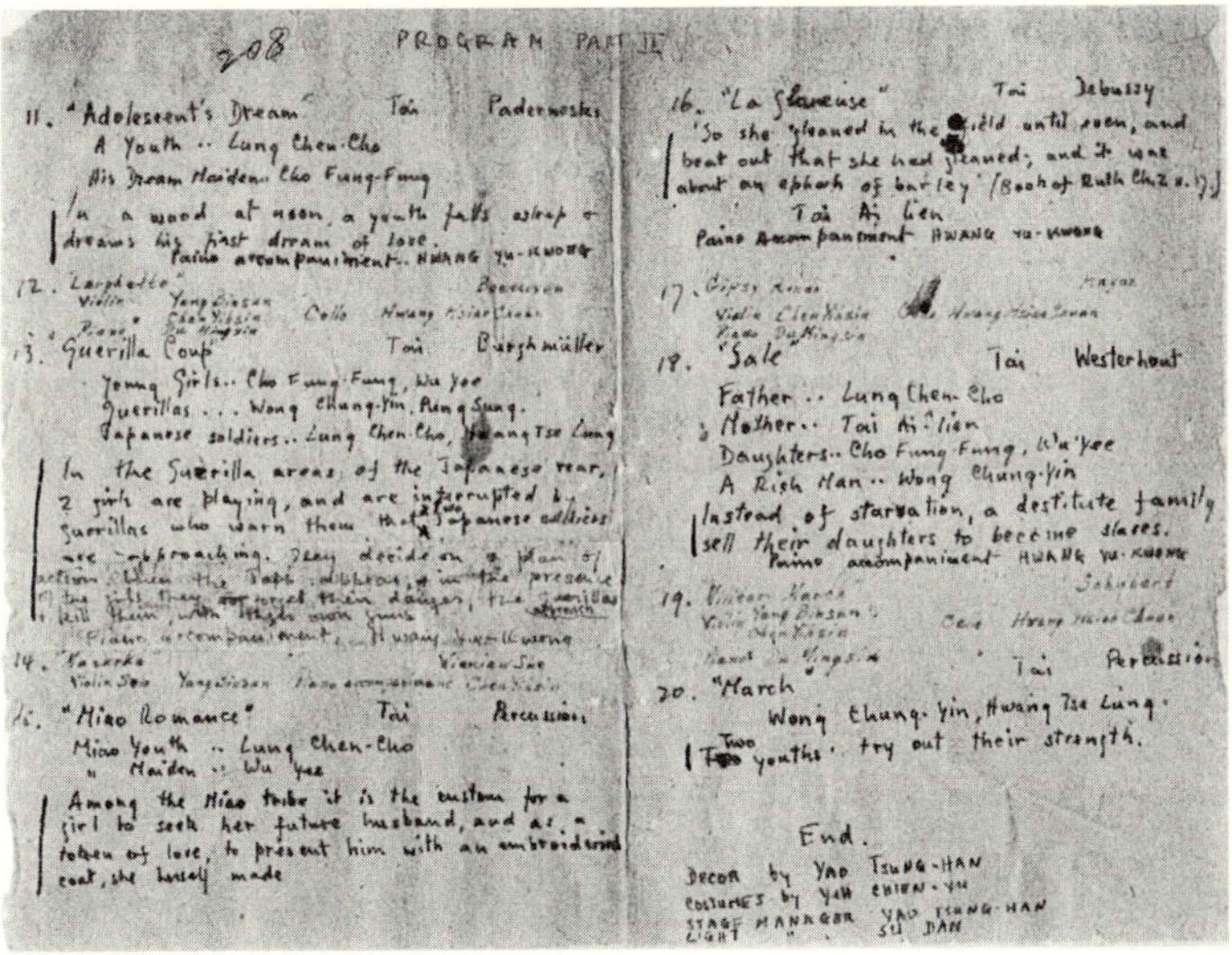

208

PROGRAM PART II

11. "Adolescent's Dream" Tai Paderewski
A Youth .. Lung Chen-Cho
His Dream Maiden .. Cho Fung-Fung
In a wood at noon, a youth falls asleep & dreams his first dream of love.
Paino accompaniment .. HWANG YU-KWONG

12. "Larghetto"
Violin Yang Binsan Cello Hwang Hsiao Chuan
Chen Yihsin
Piano Du Mingsin

13. "Guerilla Coup" Tai Burghmüller
Young Girls .. Cho Fung-Fung, Wu Yee
Guerillas ... Wong Chung-Yin, Peng Sung.
Japanese soldiers .. Lung Chen-Cho, Hwang Tse Lung
In the Guerilla areas of the Japanese rear, 2 girls are playing, and are interrupted by guerillas who warn them that 2 Japanese soldiers are approaching. They decide on a plan of action.

14. Violin Solo Yang Binsan Piano accompaniment Chen Yihsin

15. "Miao Romance" Tai Percussion
Miao Youth .. Lung Chen-Cho
" Maiden .. Wu Yee
Among the Miao tribe it is the custom for a girl to seek her future husband, and as a token of love, to present him with an embroidered coat, she herself made

16. "La Glaneuse" Tai Debussy
'So she gleaned in the field until even, and beat out that she had gleaned; and it was about an ephah of barley' (Book of Ruth Ch. 2 v. 17.)
Tai Ai Lien
Paino accompaniment HWANG YU-KWONG

17. Haydn
Violin Chen Yihsin Cello Hwang Hsiao Chuan
Piano Du Mingsin

18. "Sale" Tai Westerhout
Father .. Lung Chen-Cho
Mother .. Tai Ai-lien
Daughters .. Cho Fung-Fung, Wu Yee
A Rich Man .. Wong Chung-Yin
Instead of starvation, a destitute family sell their daughters to become slaves.
Paino accompaniment HWANG YU-KWONG

19. Schubert
Violin Yang Binsan Cello Hwang Hsiao Chuan
Chen Yihsin
Piano Du Mingsin

20. "March" Tai Percussion
Wong Chung-Yin, Hwang Tse Lung.
Two youths try out their strength.

End.

DECOR by YAO TSUNG-HAN
COSTUMES by YEH CHIEN-YU
STAGE MANAGER YAO TSUNG-HAN
LIGHT " SU DAN

図35　英文版プログラム
上：パートⅠ　下：パートⅡ（重慶市档案館蔵）

図36　M・フォーキン「レ・シルフィード（*Les Sylphides*森林女神）」、ダンサー：戴愛蓮　葉浅予：画（葉浅予2005所収）

当該公演において、衣装は葉浅予が担当とプログラムに明記されている。ただし葉浅予自身はこの時期を回想する際、「育才学校」にはしばしば言及するものの陶行知の名は一切出さない。その理由は、上述の通り中国では陶行知批判の時期が長かったためであろうと推測される。このほか、抗日期の舞台演出協力者として戴愛蓮は漫画家丁聡（一九一六―二〇〇九）、英国留学帰りの映画監督黄佐臨（一九〇六―九四）、ジャーナリスト馮亦代（一九一三―二〇〇五）の名を挙げているが、[457]彼らの詳しい役割は不明である。ただし上演の場となった抗建堂は、話劇を通じた抗日活動の要所の一つであった。[458]その話劇に深くかかわっていたのが、上述の黄、馮はじめ、一九三〇年代上海から重慶に移動していた陳白塵（一九〇八―九四）、洪深（一八九四―五五）、鄭君里（一九一一―一九六九）ら演劇人、映画人たちである。[459]一九四一年の呉暁邦、盛婕との合同公演を考え合わせれば、呉暁邦が上海で培い重慶で合流した演劇人ネットワークを戴愛蓮は引継ぎ、それが彼女の重慶での活動を可能にしたと考えられる。さらに、葉浅予もまた漫画家、演劇人たちとのつながりを持っていた。

田漢も合同音楽舞踊大会を見ていた形跡がある。彼は建国後、上海に移転した育才学校のコンサートをライシャム劇場で鑑賞し、次のように述べている。

器楽としては楊秉蓀のバイオリン、陳貽鑫のピアノなど、青年の音楽学徒における成果は立派で見るべきものがある。ただ、重慶抗建堂の第一回演奏会の時、彼らは鼻水を垂らした坊主頭の子供だった。こうした戦災児童がもし保育会に出会わなかったら、さらに言えば陶行知氏に出会わなかったら、彼らは今どこにいたことだろう。この少数の幸運な者たちは、自分の背負った責務を知るべきである。[460]

田漢もまた、戦時中に上述の重慶演劇人たちと親しく往来していた立場から、戦時中より陶行知の育才学校の教育に関心を持っていたことがうかがわれる。

その後、舞踊クラスは順調に存続したわけではない。戴愛蓮は舞踊クラス教員に就任してまもなく、陶行知の支持を得て、藏族、羌族等の民族舞踊採集に向かう。[461] 戴愛蓮は陶行知の思想に賛同したものの、実際に育才学校の教育の場に立つと、厳寒の屋外で踊らざるを得ないこともあり、加えて食糧不足など劣悪な環境により慢性的な体調不良に陥った。舞踊クラスの中断は日本軍の爆撃だけでなく、こうした困窮や自然環境による教学困難な状況が影響していよう。一九四五年、戴愛蓮は民族舞踊採集の最中に日本の敗戦を知り、重慶に戻って舞踊クラス教員に復帰する。

結　び

以上見てきたとおり、一九四〇年—四一年、呉暁邦がまず舞踊教育を通じて陶行知の教育活動に協力し、呉と戴との抗日舞踊活動における合作をみた後、呉を引き継ぐ形で戴愛蓮が育才学校の舞踊教育に従事した。彼女の舞踊教育にかかる活動は、上海から移動してきた重慶知識人の抗日話劇ネットワーク等に支えられていた。

舞踊史的側面から見れば、まず戴愛蓮にとって育才学校前後の活動は、モダンダンサーから民族舞踊研究家及び教育者への転換期となった。呉暁邦については、ソロダンサーとしての活動が主であった上海時代から、振付家への転換期と言える。抗日舞踊の内容をみると、一九三〇年代上海で中国人観客を前に踊ってきた呉暁邦が、一般人に分かり易いように抗日舞踊のプロットをある程度単純化することに慣れていたのに対し、戴愛蓮は自分の学んできたものと中国人観客が求めるものとのギャップを埋めようと模索したという点で異なる。

陶行知は、教育家として早期から体操遊戯の授業を設けるなど、一貫して音楽と舞踊、劇などを教育に組み込んできた。これらを抗日と結びつけた活動が、新安旅行団であった。新安旅行団の子どもたちに呉暁邦が振り付けた児童舞踊劇には、（一）児童が柔軟な身体で表現する、（二）一か月半の舞踊訓練で様《さま》になり、高度な舞踊技術を要しない、（三）単純明快なストーリー、という特徴がみられる。それらは黎錦暉が一九二〇年代に振り付けた児童音楽劇と大差ない。黎錦暉が表現した童心、修身といったテーマが、呉暁邦においては抗日へシフトしただけである。呉暁邦が学んだ日本のモダンダンス界においても、石井漠は児童教育に関心が高かったが、彼はダルクローズの路線で「自分で創って踊る」、「自由に踊る」[462] ことを旨としていた。戦時、初等教育制度が普及していない状況下の中国で呉暁邦が新安旅行団に教えたのも、児童の身体の発育を意識した動きという意味でモダンダンスに通じるものであった。

抗日モダンダンスは抗日芸術教育と連携し、児童の身体を健全に鍛えてプロパガンダの媒介とする役割を果した。戦時にありながら、国際的に通用する次世代の芸術家を育てたという意義も大きく、その影響は現代にいたる。

注

序章

(1) 太平洋戦争中、日本の外務省で諜報活動に当たった池田徳眞は、戦時中の宣伝には「国内宣伝・対中立国宣伝・対敵宣伝」の三種類があると述べる(池田徳眞二〇一五、一二九頁)。
(2) 山口庸子二〇〇六、「序章」一頁。
(3) 鄒之端二〇一二は博士論文をもとにした専門書であるが、指導教員である馮双白(中国芸術研究院。中国舞踏家協会主席)は序に次のように述べる。「これは私の知る限り初の中国バレエ専門史である」。中国近現代舞踊史がまだ新しい研究分野であることがうかがわれる。
(4) 王克芬、隆蔭培主編一九九八、王克芬二〇〇四、劉青弋二〇一〇等。なお、張艶二〇一一は「西方舞踏在近代中国」と銘打っているものの、内容は社交ダンスに特化している。
(5) 例えば田静主編二〇〇二、茅慧編二〇〇五等が挙げられる。
(6) 王克芬、隆蔭培主編一九九八第五節「呉暁邦点燃新舞踊芸術的火種」、第六節「戴愛蓮高挙民族舞踏的大旗」、劉青弋二〇一〇上巻、第一章第三節「本土演芸舞踏」一(三)「呉暁邦的新舞踏探索」、戴愛蓮については言及なし。馮双白、茅慧編二〇一〇第十章「民国時期的舞踏」。鄒之端二〇一二第一章Ⅲ、「新舞踏芸術的濫觴和呉暁邦」、第二章第一節の一「新中国芭蕾舞的導師戴愛蓮」。仝妍二〇一三第四章「紅色歌舞」(三)「中国革命歌舞的勃興」、(四)「抗戦文芸運動中的革命舞踏」。
(7) たとえば劉青弋二〇一〇は、一九三〇年代の石井漠による北平公演の出演者について、和井内恭子を「井内恭子」、甲斐富士子を「甲裴富士子」と表記している(三〇頁)。
(8) 例えば、呉暁邦について、劉青弋二〇一〇は彼が「ドイツ留学から帰って来た高田雅夫の研究所に入って学んだ」(六〇頁）とするが、高田雅夫は欧米外遊の途中二週間ドイツでレッスンを受けたにすぎず、米国での約一年のレッスンの方が遥かに長い（日下史郎一九七五、一四八―一五二、一七二頁）。また呉暁邦が日本では日本風の芸名で踊っていたという韋布の証言を取り上げている舞踊史はない。

（9）阪口直樹一九九六、六頁。

（10）台湾の網羅的な舞踊史としては李天民、余國芳二〇〇五を参照した。同著は紀元前から二〇世紀末までの舞踊を六三六頁で叙述し、二〇世紀以降に九九―六三六頁を当てているが、本著と対象が重なる部分は第六章第四節「日本舞踊及對台的影響」全四頁のみである。

（11）本段落は、台湾文学とは何か、という問題に比して記述している。中島利郎、河原功、下村作次郎編二〇一四によれば、狭義の台湾文学とは「作者は台湾出身であり、文学活動も台湾に於いてなされた場合」となり、広義の中には「作者は台湾以外の出身で、しかも台湾に渡来したこともなく、単に台湾に関係する作品を書き、台湾以外の地に於いて文学活動をなした場合」も含まれる（二二三―二二四頁）。

（12）藤井省三二〇〇五、一〇五頁。

（13）阿部幸夫二〇一二、八九頁。

（14）本段落は主として宇野木洋／松浦恆雄編二〇〇三、一五―一六頁及び藤井省三二〇〇五、一〇一頁による。

（15）阿部幸夫二〇一二は戦時期に重慶に集まった中国人脚本家、演出家たちの抗日話劇活動を文壇論的アプローチにより明らかにしている。

（16）劉青戈主編二〇〇九、二八六―二八八頁。

（17）石井漠一九四一、六頁及び石井みどり二〇〇四、五五頁。

（18）夏衍二〇〇五、二〇三頁。

（19）同前。

（20）抗日期芸術について、話劇研究は昨今だけでも文天行二〇一五、邵迎建二〇一一及び二〇一二b、阿部幸夫二〇一二等がある。

(21) イズリーヌ二〇一〇、二四頁。

(22) イズリーヌ「Ⅱ第一章モダン・ダンスの起源」、イズリーヌ二〇一〇、四三―六六頁。ナンシー・レイノルズ&マルコム・マコーミック二〇一五、第一章、第三章。

(23) 片岡康子「イサドラ・ダンカン」、片岡康子編一九九九、一八―三六頁所収、三五―三六頁。

(24) 松澤慶信「二十世紀ダンスのショート・ヒストリー　ダンスにおけるモダニズム、ポストモダニズム、そしてコンテンポラリー・ダンスについて」イズリーヌ二〇一〇、二二一―二三八頁。

(25) 鈴木晶二〇〇二、三八一頁。

(26) 山口庸子二〇〇六、三五頁およびナンシー・レイノルズ&マルコム・マコーミック二〇一五、xii。

(27) 同じく石井漠に師事した李彩娥氏もまた石井漠が教えたのは「創作舞踊」であると、こだわりをもって明言している（星野幸代／楊韜二〇一四b）。石井漠研究所のレッスンではそれが一般的な呼称であったと考えられる。

(28) 蔡瑞月口述一九九八、二五頁。

(29) 戦時期に舞踊ジャーナリストとして活躍した村松道弥は、「舞踊と言えば、日本舞踊（邦舞、歌舞伎舞踊）といわれる伝統的な日本の舞踊と、民間に伝承される民族舞踊と、西洋舞踊（洋舞―モダン・ダンス、バレエ）と大別することが出来る」と説明する。戦時期日本ではモダンダンスとバレエを明確に分ける意識が希薄であったことが分かる（村松道弥一九八五、三三頁）。

(30) イズリーヌ二〇一〇、一四四頁。

(31) イズリーヌ二〇一〇、一六頁。

(32) イズリーヌ二〇一〇、一一頁。

(33) イズリーヌ二〇一〇、三一―三二頁。

(34) 山口庸子二〇〇六、二〇一頁。

(35) 高野牧子「クルト・ヨース」片岡康子編一九九九。
(36) 山口庸子二〇〇六、三頁。
(37) レイノルズ&マコーミック「第一章ニューダンス」「第三章　モダニズムの出現　表現主義舞踊　一九一〇―一九四五年」、レイノルズ&マコーミック二〇一三、一―三五頁、八七―一一四頁。イズリーヌ、二〇一〇、四八頁。
(38) 片岡康子編一九九九、三四―三五頁。
(39) 鈴木将久二〇一二は、日中戦争下の中国人文学者の宣伝活動に即して、「具体的な大衆に届くことばをいかにして獲得するか、それこそが日中戦争中の中国文学界が背負った最大の課題であった」と述べる（二六八―二六九頁）。
(40) 國吉和子二〇〇二、一四七頁に次のようにいう。「二十世紀のはじめ、現代芸術が一斉に開花した時期にはまた、猥雑で逞しい世俗文化も生まれている。この時期にめざましく展開した大衆芸能がミュージック・ホールやキャバレーであり、その舞台からはレビューが賑やかに登場した」。海野弘一九九九もまたレビューに紙幅を割いている。

第一章第一節

(41) 徳齢は保衛中国同盟（本書第五章参照）に参加　上海で米国の外交官タデウス・ホワイト（Thaddeus White）と結婚、米国に渡り、西太后に仕えた時代の回想録等を出版した（Hayter-Menzies, 2008, pp.261, 273-274）。
(42) ヨーロッパ系とアジア系のハーフで、上海の米国商人の娘であったという。裕庚の伝統に則った結婚の方は破綻し、彼はルイザを妻にした。（Hayter-Menzies, 2008, 4.）
(43) Hayter-Menzies, 2008, p.100.
(44) Hayter-Menzies, 2008, pp.102-103.
(45) 裕容齢一九九四、一―四四頁所収（一一頁）を参照した。
(46) 裕容齢一九九四、四〇頁。
(47) Ling, 1911, 139.

(48) Hayter-Menzies, 2008, 4.

(49) 前野直彬編一九八九、二八一頁。

(50) 呉暁邦一九八二、二頁。

(51) 爛華一九二六、一三頁。

(52) 川島京子二〇一二、六二―六三頁。

(53) 葉公超「呉爾芙夫人「墻上一点痕跡」訳序」『新月』第四巻第一期、一九三二年九月、一―一二頁。

(54) スポールディング二〇〇〇、一九八頁、二一四―二一五頁。

(55) ベル一九九七、一四五頁。

(56) 徐志摩「関於女子――蘇州女中講稿」（一九二八年一二月一七日講演、『新月』月刊第二巻第八期、一九二九年一〇月、一―一八頁）。

(57) 徐志摩「女子について」は出産直後のダンカンについて次のように述べている。「彼女がそれまで命よりも大切とみなしていた芸術は、急にちっぽけで浅薄なものに感じられ、彼女にとって関係ないこととなってしまいました。その時、母性の意識が完全に後天的な芸術家の意識を圧倒したのです」（前掲「関於女子」一四頁）。これは、ダンカン自伝の「ああ、こんな奇跡〈出産〉があるのに、私達女性が弁護士や画家や彫刻家になる必要がどこにあるのだろうか。……私の芸術ですって、芸術のどこが良かったのだろう」（Duncan,1927. Chapter 19）を受けていると考えられる。

(58) 総合的な芸術関係刊行物。一九二六年一一月上海で創刊―一九二七年一一月停刊。全二六期。上海良友図書印刷公司出版。世界の著名な芸術の作品、また絵画、音楽、舞踏関係の紹介、評論、文学芸術動態、文学理論などを掲載した（王檜林、朱漢国主編一九九二、一三六頁）。

(59) フォンテーン一九八一、七二―七四頁。

(60) 藤井省三一九八六、一三〇頁。

(61) 小牧正英一九七七、二九頁。

(62) North China Daily News. Jan.26, 1936.
(63) 盛婕二〇一〇、二四頁。
(64) 邵迎建二〇〇二、二二一―三〇頁。
(65) 王淵一九四四、二三頁。
(66) 鈴木正夫二〇〇八、二五頁。
(67) 洛川一九四五、八五頁。
(68) 鈴木将久「ダンサー」、菊池敏夫・日本上海史研究会編二〇〇二、一四九―一五一頁。
(69) 李欧梵二〇〇一、二八―三三頁。
(70) 石井漠一九三九、一一五、一一七、一一八、一三三頁。
(71) 朴祥美二〇〇五、一四〇頁。
(72) 晏妮二〇一〇、一五〇頁。

第一章第二節

(73) 魯迅と黎錦暉の音楽については西村正男二〇〇六を参照、引用はJones, 2001, p.74.
(74) 孫継南二〇〇七、八四頁。
(75) Jones, 2001, p.73 及び西村正男二〇〇六、二〇〇七。
(76) 王克芬、劉恩伯、徐爾充、馮双白主編二〇一〇、三三九頁。
(77) 孫継南二〇〇七、一―一七頁による。
(78) 「楽歌」とは音楽の伴奏で歌うこと、或いは広く歌曲を指す（『漢語大詞典』第四巻、一二九五頁）。
(79) 黎錦暉一九八二、九二頁。
(80) 孫継南二〇〇七、七頁。

(81)　宇野木洋／松浦恆雄編二〇〇三、四三頁。
(82)　黎錦暉一九八二、九三頁。
(83)　蔡元培「自写年譜」『蔡元培全集』第七巻、三一九頁。
(84)　榎本泰子一九九八、三〇―三四頁。
(85)　孫継南二〇〇七、二六頁注①。
(86)　石川啓二一九八四、三六頁。
(87)　蔡元培「対于教育方針之意見」『蔡元培全集』第二巻、一三四、一三五頁。
(88)　蔡元培「対于教育方針之意見」『蔡元培全集』第二巻、一三四、一三五頁。
(89)　石川啓二一九八四、二九―三一頁。
(90)　黎錦暉一九八二、一〇〇―一〇一頁。
(91)　黎錦暉一九八二、九八頁に基づき、筆者が箇条書きにしたもの。
(92)　孫継南二〇〇七、一九頁。
(93)　孫継南一九九三、図四（孫継南二〇〇七、二〇頁、図一〇）に同人進徳会音楽班楽隊の集合写真があり、キャプションに「後列ヴァイオリン奏者が黎錦暉」とある。
(94)　黎錦暉一九八二、九三頁。
(95)　黎錦暉一九二三、一頁。
(96)　黎錦暉一九八二、一二四頁。
(97)　「月明りの夜（月明之夜）」では、「嫦娥」は中国古典舞踊、「快楽の神」はバレエ風の振付であったという（王克芬、劉恩伯、徐爾充、馮双白主編二〇一〇、六五六頁）。
(98)　孫継南二〇〇七、九頁。
(99)　上海東南女子体育専科学校体育系卒（王克芬、劉恩伯、徐爾充、馮双白主編二〇一〇、三三九頁）。生没年、出身地等は未詳。

(100) 孫継南二〇〇七、一四頁註②。

(101) 王人美は湖南省長沙出身、一三歳で美美女校に入学以降、明月歌舞団を経て一九三一年聯華影業公司で『漁光曲』に出演、主題歌を歌って以来多くの映画に主演。建国後も映画に出演、また制作側として関わる。一九七三年五・七幹部学校へ労働改造に送られるが四人組の失脚で生活を回復、晩年は中国電影教会理事等をつとめた（張駿祥、程季華主編一九九五、九九七頁）。

(102) 黎莉莉は浙江省呉興出身、一九二六年父・銭壮飛監督の映画『燕山俠隠』に出演。中華歌舞団、明月歌舞団への参加を経て一九三二年聯華影業公司の女優となる。以降多くの映画に主演し人気を博した。引退後は北京電影学院で学び、卒業後は同学院で教鞭を執った（張駿祥、程季華主編一九九五、五二九頁）。

(103) 薛玲仙は、王人美より二歳年上で、黎錦暉の初期の舞踊劇の多くで主役を務めて来た。一九二八年映画『南海美人』で主演、人気を博したが、アヘン中毒のため街頭で命を落とした（王人美二〇一一、七五頁）。

(104) 王人美二〇一一、三三および三八頁。

(105) 王人美二〇一一、三六頁。

(106) 黎錦暉一九八二、一二六頁。

(107) 「明月社在津第三公演専頁」一九三〇年一〇月二八日『北洋画報』。

(108) 魯迅二〇〇五、第一六巻、二五七頁。

(109) 執筆一九三一年一〇月二九日、初出同年一二月一一日、上海『十字街頭』第一期。ここでは魯迅二〇〇五、第四巻、三三一―三三四頁を参照した。

(110) 西村正男（二〇〇六）は、魯迅のこうした黎錦暉にまつわる歌舞、流行歌への嫌悪感を示したエッセイを挙げ、それと京劇役者・梅蘭芳への嫌悪感と合わせて考察することにより、「魯迅は京劇と同様、黎錦暉の音楽についても、その商業原理による流行、レコードメディアの大量生産による拡散性を嫌ったのではなかろうか」とマス・メディアと大衆文化という観点から評している。

(111) 魯迅の黎錦明の小説集『烈火』(一九二六)に対する評価。(「『中国新文学大系』「小説二集」序」、『中国新文学大系・小説二集』良友図書印刷公司、一九三五所収。ここでは魯迅二〇〇五、第六巻、二四六—二六四頁所収、二五七—二五八頁を参照した。

(112) 小利達は祖母の命と財産を守ろうとして刺殺され、死に瀕しても祖母を気遣う。敬老を宣揚する主旨。ライト・オペラに類似した歌舞劇で、その中の幾つかのソロは西洋舞踊に素材を得ている(王克芬、劉恩伯、徐爾充、馮双白主編二〇一〇、六〇〇—六〇一頁)。

(113) 画才のある子供が素読をさせられるが、教師がその才能を見出し、子どもに合わせて教育方法を改めるというストーリー。主旨は封建的教育制度を批判し、児童それぞれの才能を伸ばそうというもの。コメディで、音楽はバラエティに富み、黎錦暉の児童劇の中でも芸術性が最も高いと評されている(王克芬、劉恩伯、徐爾充、馮双白主編二〇一〇、六〇二頁)。

(114) 魯迅二〇〇五、第四巻、三三四頁注〈五〉は、魯迅が一九三一年一〇月『申報』本埠増刊掲載のゴールデン・シアターの広告を引用したことを突き止めている。

(115) 魯迅二〇〇五、第四巻、三三一—三三二頁。

(116) 原文「齊格飛」、ジーグフェルド・フォリーズ(The Ziegfeld Follies)を指すと考えられる。ジーグフェルド・フォリーズはF・ジーグフェルドが組織したショー・ガールたちを指し、米国のレビュー最初期、一九一〇—一九三〇年代のブロードウェイのコーラス・ダンスを担い、多くのスター・ダンサーを生み出した(ナンシー・レイノルズ、マルコム・マコーミック二〇一三、七〇一—七〇三頁)。

(117) ナンシー・レイノルズ、マルコム・マコーミック二〇一三、七〇二頁。

(118) 橋本与志夫一九九七、七五頁。

(119) 榎本泰子は、作曲家・聶耳との関連で明月歌劇社に論及し、映画界との関係を次のように考察している。「トーキー映画の時代になると、方言格差の深刻な中国においては、正しい標準語を話せることが俳優の必須条件になっていく。そこで、標準語の発音をしっかり指導する明月歌劇社は、俳優養成所としての役割を期待されるようになるのである」（榎本泰子一九九八、二〇二頁）。

第二章

(120) 川端康成「朝鮮舞姫崔承喜」『文芸』一九三四年一一月号、一五三―一五七頁、一九三四、一五七頁。

(121) 趙綺芳、二〇〇四及び陳雅萍二〇一〇。

(122) 楊韜／星野幸代二〇一四および星野幸代二〇一四。

(123) 広東の台山中学卒業後、日本の中央大学経済学部に留学。中国左翼作家連盟東京支部に所属し、日本語で愛国詩を多く発表した。一九四〇年代には中華全国文芸界抗敵協会で活動。戦後は台湾大学法学部で教鞭をとっていたが、広東に強制送還され、香港、天津等の大学で教えた（池澤實芳／内山加代「解説にかえて」、雷石楡一九九五、二四九―三〇三頁）。

(124) 檜山久雄一九八三、北岡正子一九九七、田中益三一九九九などがある。

(125) 石井漠の経歴については主として息子・石井歓による伝記（石井歓一九九四）九七―二五三頁による。

(126) 山野博大「日本の洋舞一〇〇年」（山野博大二〇一四、一二―五六頁。引用は一五頁）。

(127) Émile Jaques-Dalcroze, 一八六五―一九五〇、スイスの作曲家、運動理論家。リトミックを考案し、一九一一年、ドイツのヘレラウでリトミックの学校を開く。彼はイサドラ・ダンカンのダンスに共鳴しており、弟子のマリー・ランベールがバレエ・リュスのトレーナーとなったように、二〇世紀バレエとの影響関係も深い。彼の理論は、「ラバンやヴィグマンと彼女の弟子たち、そしてテッド・ショーンを通じてモダン・ダンス全体に普及していった」（レイノルズ&マコーミック、二〇一三、八九頁）。

(128) 小林宗作（一八九三―一九六三）東京音楽学校乙種師範科卒。成蹊学園等の音楽教師を経て一九二三年渡欧、一年間ダルクローズ、その弟子ルドルフ・ボーデ等のリトミック理論を学ぶ。この際ベルリンで石井漠と知り合う。帰国後、成蹊学園幼稚部理事等を経て、一九三七年トモエ学園を創設、黒柳徹子らを育てた（小林宗作一九三四、二〇―二一頁。松本晴子、二〇一三)。

(129) 小林宗作一九三四、二〇—二一頁。

(130) 石井歓一九九四、二六一頁。

(131) 南富鎭は、作家・張赫宙について、母国語である朝鮮語ではなく、〈敵〉の言葉である日本語で書いたのは、必ずしも彼が「親日」的であったからなく、「近代的な空間の言葉の獲得という意味がより大きかったと思われる」と述べ、更に次のように論じている。「張赫宙自身は、近代空間に身を置き、また近代空間の言葉を目指し、さらにそのような意味合いで日本語を獲得している。張赫宙はすでに近代日本文学の達成してきた近代日本の思想性の上に乗っかっているということなのである。それは日本語の思想性によって裏打ちされた新しい近代空間の内面と思想性を確保していくことなのである」(南富鎭二〇〇一、二六八—二六九、二七三頁)。本章における崔承喜、蔡瑞月、李彩娥のモダンダンス習得の動機についても、張赫宙の日本語獲得と同様の必然性があったと考えられる。

(132) 崔承喜の経歴を略紹する(主として金賛汀二〇〇二、「崔承喜年譜」高嶋雄三郎、鄭晒浩編一九九四、二一四—二二二頁による)。ソウルで石井漠公演を観て来日、門下生となる。一九三四年初のソロ公演、絶賛のもと翌年独立して研究所を開く。一九三五年主演映画『半島の舞姫』(今日出海監督、湯浅克衛脚本)封切り。一九三六—三九年末、欧米を公演して好評を博す。北京で終戦を迎え、四六年平壌へ。北朝鮮で活躍するが六七年消息が途絶え、二〇〇三年に六九年八月死亡と公表された(二〇〇三年二月一三日「「半島の舞姫」六九年に死去　韓国・通信社が報道」『毎日新聞』)。

(133) 石井漠一九五五、一七六頁。

(134) 桑原和美一九八九、七頁および「〈表一〉川端康成・年譜—舞踊関連作品」同前一四—一六頁。

(135) 川端康成一九三四、一五七頁。

(136) 桑原和美一九八九。

(137) 中島利郎、河原功、下村作次郎編二〇一四、一〇四頁。

(138) 台湾文芸聯盟成員の肩書、経歴については中島利郎、河原功、下村作次郎編二〇一四、八八頁による。

(139) 台湾文芸聯盟編『台湾文芸』一九三六年八月第七、八合併号、七六―八一頁。引用は七八、八一頁。執筆は「六月十一日」とある。

(140) 台湾文芸聯盟編『台湾文芸』一九三六年八月第七、八合併号、八二―八三頁。引用は八三頁。執筆は「一九三六・六・七」とある。

(141) 台湾文芸聯盟編集であり、一九四四年に創刊された台湾文学奉国会による『台湾文芸』とは異なる。一九三四年十一月―三六年八月、全一六号。

(142) 『台湾文芸』第六号（一九三六年五月）「編輯後記」に次のように言う。「半島の舞姫崔承喜嬢の台湾公演は後一月に迫つてゐる。編輯子は嬢を迎へる為めに近々上京の予定である。……次号は嬢の台湾公演を記念する為めに崔承喜特輯号を発行したい。何卒舞踊に関するもの、原稿を寄せられんことを……。〈「……」は原文〉」。同号は扉絵に崔承喜の写真、崔承喜「私の舞踊について（ラヂオ放送の原稿）」、曾石火「舞踊と文学」（本文に前掲）、呉天賞「崔承喜の舞踊」（同前）を載せた。

(143) 台湾文芸聯盟編『台湾文芸』一九三六年八月第七、八合併号、七四―七五頁。

(144) 片岡康子「イサドラ・ダンカン」、片岡康子編一九九九、一八―三六頁所収、三五頁。

(145) 崔承喜一九五六、一九五頁。

(146) 朴祥美二〇〇五、一三八―一三九頁。

(147) 朴祥美、同前。

(148) 一九四三年一一月劉俊生「論崔承喜的舞踏」（『雑誌』第一二巻第二期）は次のように述べている。「かつてインドの女性Indira Deviがライシャム劇場で演じたことがあったが、観衆は大部分西洋人であったので、今回の崔氏の普遍性には及ばない。陳友仁の御令嬢シルヴィア（本書第五章参照）がロシアで芸術舞踊を学び、一度帰国したこともあるが、公開で上演したことはない。従って崔承喜が初めて正式に中国で公演しブームを起こしたと言える」。

(149) 寒若「特写　観崔承喜的芸術舞踊」『申報』一九四三年一〇月二一日。

(150) 「市府厳禁軍人肇事」『申報』一九四五年四月二一日。

(151)「崔承喜五日公演」『大陸新報』一九四五年四月五日。
(152)『雑誌』は中国共産党上海地下党員が「文化陣地の占拠を意図したものであった」が、表向きは中立の方針をとり、国統区と解放区の文壇状況を紹介していた(邵迎建二〇〇二、一二一一四頁)。
(153)洛川一九四五、八七頁。
(154)蔡瑞月の生誕から渡日までの経緯は、蔡瑞月口述、一九九八、八―一七頁による。
(155)蔡瑞月文化基金会董事長・蕭渥廷氏の証言(楊韜/星野幸代二〇一四、一九〇頁)。
(156)蔡瑞月が石井漠に入門したのは一九三八―三九年であるのだが、蔡の口述自伝では「六月」という言及しかなく、何年か確定できない。ただ、蔡瑞月が「当時遠地からやってきた生徒は石井漠の内弟子となったが、私は入学が遅れたため、先生の家は一杯になってしまい、近隣の老夫婦の家に割り振られた」(蔡瑞月口述、一九八八、二六頁)と述べ、李彩娥は内弟子となっていることから、李彩娥の入学した一九三九年四月より後、三九年六月に蔡瑞月が入学したと考えられる。
(157)蔡瑞月口述一九九八、二九―三〇頁。
(158)石井みどり二〇〇四、三四―四三頁。
(159)蔡瑞月口述一九九八、三〇―三一頁。
(160)石井漠一九三九。宮操子一九九五、九六頁。早坂隆二〇一〇、二〇頁。
(161)文園社編集部、二〇〇六、一三頁。
(162)折田泉(一九四一―四五)、手稿。
(163)石井みどり二〇〇四、五五―六〇頁。蔡瑞月口述、一九九八、三四頁。
(164)小池博子は、戦後、日劇バレエ科専任教授。現在の越智インターナショナルバレエ(名古屋)創始者・越智実らを育成した。
(165)古森美智子は、現在も古森美智子バレエ団研究所主催(福岡県福岡市)。
(166)小倉忍は、一九四九年第六回東京新聞舞踊コンクール現代舞踊第一部准入選者の一人。
(167)梅津好子は、一九四二年第四回東京新聞舞踊コンクール一般部第二部(日本舞踊 教育舞踊)准入選者の一人。

(168) 三曲ともにレコード音源が国立国会図書館デジタル・コレクション「歴史的音源・録音・映像関係資料」「国民歌」に所蔵されている。
(169) 戸ノ下達也二〇〇八、一五一、一五八頁。
(170) イサドラ・ダンカン一九七七、三〇―四一頁。
(171) （株）玉置商店（日本橋・本町。現在の玉置薬局）による結核の薬「ダイレクト」の販売広告。『舞踊芸術』一九四二年二月号、舞踊芸術社、三二頁全面。
(172) 国民精神総動員運動強調週間の放送のテーマ曲として日本放送協会の委託により作曲されたが。一九四二年には大政翼賛会が「国民の歌」として指定した（戸ノ下達也二〇〇八、五五頁）。
(173) 山崎竜子は、戦後、東洋英和学院短期大学保育科でリトミック教育に従事した（飯島千雍子二〇〇九、二頁）。
(174) 折田克子は石井みどり、折田泉夫妻の娘である舞踊家。現在、石井みどり・折田克子舞踊研究所主催。
(175) 武井守成、一八九〇―一九四九。男爵、宮内庁式部官であり、作曲家。「豊年」はもとはマンドリン・オーケストラ曲。CD『マンドリン・オーケストラによる日本の旋律　武井守成作品集』（日本コロムビア、一九九四。一九五八年LPからの復刻）に収録。
(176) 軍馬を歌ったサトウハチロー作詞、仁木他喜雄作曲の児童歌謡（一九四一）で、当時子どもたちに愛唱された（赤座憲久一九八九、一二一頁）。
(177) 石井みどり二〇〇四、六三頁。
(178) ドキュメンタリー『暗瞑ê月光：台湾現代舞踏先駆蔡瑞月』陳麗貴監督、台湾公共電視台（Taiwan Public Television Service）製作、二〇〇三。
(179) 蔡瑞月口述一九九八、三九頁。
(180) 李彩娥口述二〇一〇、二〇―二一頁。
(181) 蔡培火（一八八九―一九八三）台湾の政治家。東京師範学校に留学、台湾議会設置請願運動を推進。日中戦争勃発後は上

海に逃れたが、戦後は国民党に入党、台湾で重職に就いた（河原功、一九九七、一二九―一三〇頁）。
(182) 蔡培火一九三七、七―九頁。
(183)「皇紀二千六百年奉祝芸能祭」パンフレット、早稲田大学演劇図書館蔵。
(184) 池谷作太郎「皇紀二千六百年奉祝芸能祭奉祝舞踊の全貌に就いて」一九四〇年『舞踊芸術』第六巻第二号　二月号　七―一四頁、一〇頁。なお、同記事の書かれた時点では、題目は「動員の歩み」とされていたらしい。
(185) 二〇一三年七月一〇日李彩娥氏インタビュー、佛教大学専任講師・楊韜氏、台湾国立虎尾科技大学助理教授・河尻和也氏、同大学講師・張蓮氏および筆者による（李彩娥舞踏芸術中心、高雄市前金区自強一路六五巷一〇号にて）。未発表部分。
(186) 星野幸代／楊韜二〇一四。
(187) 村松呉山人「舞踊界放送室」の「此他いろ〳〵」の中に都新聞舞踊コンクールの「栄誉ある入選者」が掲載されており、「第二位東洋風の舞曲　李彩娥」と明記されている。『舞踊芸術』第八巻、一九四二年五月号、六一頁。
(188) 李彩娥口述、二〇一〇、三九頁掲載のパンフレットコピーを参照した。
(189) 星野幸代／楊韜二〇一四。
(190)「満州藝文界彙報・演芸」欄、『満州藝文通信』第二巻第六号、康徳〈満州国の元号。一九三四年（昭和九）〉元年七月、五九頁。
(191) 星野幸代／楊韜二〇一四。
(192) 下村作次郎二〇〇八、六〇―六一頁。
(193) 呂赫若は台中師範卒業後、一九三五年『文芸評論』に日本語小説「牛車」を発表。三九年上京、四〇年東宝声楽隊に採用される。四二年帰台、映画会社社員の傍ら執筆活動。四三年第一回台湾文学賞を受賞、四四年日本語小説集『清秋』を刊行。戦後、国民党圧政下で粛清されたと言われる（垂水千恵二〇〇二）。
(194) 呂赫若の東京滞在における体験と「山川草木」創作との関係については拙稿「日本・中国・台湾文人の眼差しの中の舞踊家・崔承喜」（『越境する文学』（仮）、東方書店、二〇一八年三月刊行予定所収）で考察した。

(195) 本稿では呂赫若二〇〇二（星名宏修編）三五九―三八二頁によった。「山川草木」のあらすじを紹介しておく。語り手「私」と妻は一か月前に東京から帰台したばかり。夫妻は東京で親しくしていた音楽学校ピアノ科本科生・宝連が、父の死のために留学を断念したと知る。田舎に移り住んだ宝連を訪ねると、都会的だった彼女はすっかり健康的な田舎娘となり、幼い弟妹達のために生きると決心しながら、「寂しくなったら山や木や河を眺めたり、草や木の葉に触れたりして跳び出さうとする自分の気持ちをおさへているのよ。」と語る。

(196) 「ある意味では、ソロ・舞踊家としての崔承喜の芸術をその最盛期において最も享受できたのは日本人である」（久保覚〔鄭京黙〕、一九八〇）。但し、久保は続けて「すなわち、崔承喜への賞賛は〈スター〉として日本人が享受したかぎりでの賞讃にほかならなかった」と、当時の日本人による崔承喜評の限界を指摘している。

(197) 崔承喜一九五六、一九四頁。

(198) 石井漠一九五七、一八四頁。

(199) 金恩漢二〇〇四、七頁。

(200) 雷石楡一九九五、一二二―一二三頁。

(201) 雷石楡一九九五、一二四頁。

(202) 蔡瑞月の尋問された内容は、蔡瑞月口述一九九八、五三頁による。

(203) 若林正丈二〇〇一b、第三章。

(204) 折田克子氏の証言より（二〇一四年七月一二日愛知芸術文化センターでの座談会「石井漠・石井みどり・蔡瑞月とその時代―日台モダン・ダンスを拓く」での発言）。

なお、当該座談会の実現及び蔡瑞月文化基金会の協力について、黄英哲氏（愛知大学教授）、楊韜氏（佛教大学講師）および唐津絵里氏（愛知芸術劇場シニア・プロデューサー）のご尽力に感謝申し上げたい。

(205) 李彩娥口述二〇一〇、五九、六六、二六四頁。

(206) 星野幸代／楊韜二〇一四で紹介している。

(207) 陳雅萍二〇一〇、七二頁。
(208) 若桑みどり二〇〇〇、一一二―一一三頁。
(209) 陳雅萍二〇一〇、七四―七五頁。
(210) 石井みどり舞踊団については本文中資料の通り。谷桃子は一九四五年八月一五日、慰問舞踊に行くために集合した新宿駅で敗戦を知った（文園社二〇〇六、一四頁）。崔承喜は大陸で日本軍慰問中に敗戦を知った（村松道弥一九八五、二八七頁）。

第三章

(211) 小牧正英は本名菊池榮一。岩手県出身。ハルピン・バレエ学校でバレエを学び、卒業後上海へ移り上海バレエ・リュスのメンバーとなる（以上、「ロシヤン・バレー團公演　ライシャムで」『大陸新報』一九四三年三月二四日）。終戦後帰国、小牧バレエ団を主催した。学術的な評伝として糟谷里美二〇一一がある。
小牧バレエ団に出自をもち、現在も活動中の主なバレエ団を結成年代順に挙げる。一九四九年谷桃子バレエ団、六五年スターダンサーズ・バレエ団（太刀川瑠璃子代表）、六八年井上バレエ団（井上博文代表）、六八年東京シティ・バレエ団（石井清子等）。東京シティ・バレエ団からは七三年小林紀子バレエ・シアターが生まれ、谷桃子門下からはコマ・小川亜矢子スタジオ等が続いている（「小牧正英」及び「略図・日本バレエの流れ」ダンスマガジン編二〇〇一、七九、二九八頁）。
(212) 呼称表記について、『大陸新報』は「ルシアンバレー」「バレールス」「上海バレエ・リユッス」「露西亜舞踊団」など一定しない。小牧正英は「上海バレエ・ルッス」を用いる。一方、当バレエ団が由来するディアギレフの率いたバレエ団は、今日日本語で「バレエ・リュス」と表記される（芳賀直子二〇〇九等）。本稿ではこれに倣い、何かの引用である場合を除き、「上海バレエ・リュス」を採用することにする。
上海バレエ・リュスは一九三四（昭和九）年にディアギレフ・バレエ・リュスやマリインスキー劇場で踊っていたバレエ・ダンサーを中心に上海で結成、一九三六年以降、ライシャム劇場で定期公演を行うようになる。一九四一年以降、上海共同租界の工部局管弦楽団の演奏に拠る公演を定例とする。一九四一年当時団員は約四〇名、新たなダンサー養成機関としてベートマン・キングスクール・オヴ・ダンシング、ソコルツキー・スクール・オヴ・ダンシングがあった（「上海公演史」一九四一年五月九日『大陸新報』）。

(213) 「芸術対談」（七九年四月二一日）朝比奈隆—小牧正英（小牧正英一九八四、一七七頁）。

(214) 小牧正英一九七七、一一—一三一頁等。

(215) 譲原晶子は、メディアを人と人との間を媒介するあらゆるものであるとし、芸術表現もまたメディアとしてとらえる。芸術表現の一つ、舞踊のメディアが舞踊家の身体である。「舞踊のメディアとしての身体とは、特定の動き方を習得した、抽象化され社会化された身体のことである」と譲原は定義する（譲原晶子二〇〇七、一四—二〇、二六頁）。

(216) 糟谷里美は、ディアギレフ・バレエ・リュスのレパートリーを上海バレエ・リュスが引き継ぎつつ新たなものを加えていく姿勢、前者と同様に後者が基礎訓練をチェケッティ・メソードに求めたこと等に基づき、上海バレエ・リュスをディアギレフ・バレエ・リュスの伝統を継承するカンパニーとして認めている（糟谷里美二〇一四、四五—四七頁）。

(217) 井口淳子二〇一五、三六—五〇頁、四二頁。

(218) 「上海市実験戯劇学校現在教職名単三十七年度第二学期」（上海档案館、資料B一七一—四—一—一）。

(219) 榎本泰子二〇〇六、二二六—二三一頁。

(220) 拙稿「中国バレエ前史」『言語文化論集』二六巻二号、名古屋大学国際言語文化研究科、二〇〇八年、一一一—一二一頁。

(221) 大橋毅彦「民族の夢の坩堝としての劇場空間——蘭心大劇院'40S」『アジア遊学六二特集上海モダン』二〇〇四年。

(222) 『大陸新報』は、日本占領期「中支那」（華中地域）で、日本の陸海軍及び外務省と興亜院により設立された「国策新聞」。上海に本社を置き、朝日新聞が協力。一九三九年一月一日創刊~四五年九月刊行。四三年二月には戦時下の新聞統合で『上海毎日新聞』を併合し、「中支那における唯一の邦字新聞」となった（ゆまに書房HP『大陸新報』全二三リールの紹介頁より）。http://www.yumani.co.jp/np/isbn/9784843332610 二〇一〇年八月二〇日アクセス。

(223) 本節のドイツのモデルネ・タンツと政権との関係については、山口庸子二〇〇六、特に一九四—一九八頁による。

(224) ドイツ国立舞踊大学所長を務めたルードルフ・ラーバンは、「我々の国家を建設するという大規模な芸術的任務」に従事するという意向を、人民啓蒙宣伝省舞踊担当官に表明している（山口庸子二〇〇六、二〇〇頁）。
(225)　中村哲夫二〇〇九。
(226)　一九四〇年六月一一日『大陸新報』。
(227)　小澤考人二〇〇九。
(228)　「愈々けふ開く　鉄椀・鉄脚の争覇戦　東亜競技大会の展望」『大陸新報』一九四〇年六月五日。
(229)　山口庸子二〇〇六、二〇一頁。
(230)　和田博文・大橋毅彦・真鍋正宏・竹松良明・和田桂子編一九九九、三六頁。
(231)　一九四一年五月八—一〇日『大陸新報』。
(232)　一九四一年に結成された文化団体。工部局管弦楽団を虹口に招いて公演をするなど活動（榎本泰子二〇〇六、二一一—二一三頁）。
(233)　「佐々木」の後は不鮮明で解読困難。「高麿」か。
(234)　Ritz Theatre、中国語で融光大戯院（現・星美国際影城）。一九三二年一一月虹口に開場。
(235)　升屋治三郎、一八九四—一九七四？　本名は菅原英次郎。演劇評論家。早大卒。半田綿行（現：半田紡績株式会社）の御曹司で、その主人として上海に在留。機関誌『支那劇研究』主催。内山鑑三の紹介で魯迅を知り、魯迅は升屋に詩を献じた（『魯迅全集』第一九巻学習研究社、一九八六、四六八頁「升屋治三郎」の項）。
(236)　高木辰男、一九〇七—。父はロシアの革命家ニコライ・ラッセル、母は日本人。天津でヴァイオリンを学ぶ。東洋音楽学校中退。ハルビン中東鉄道交響楽団、上海交響楽団でヴィオラ奏者を務めた（岩野裕一一九九九、六九—七六頁。及び榎本泰子二〇〇六、二一四頁）。
(237)　不詳。小牧正英の手記にもその名（或いは略称か）は見られない。
(238)　草刈義人、一九〇九—二〇〇四。イーストマンコダック社上海極東本社勤務等を経て上海音楽協会マネージャー補佐、上海交響楽団マネージャー等を務めた（榎本泰子、前掲、二二五頁）。

(239) 一九四三年四月一日『大陸新報』草刈義人「舞踊の春（上）」。
(240) 小牧正英一九七七、四八頁。
(241) 一九四三年（昭和一八）四月五日『大陸新報』草刈義人「舞踊の春（下）」。
(242) 中川牧三、一九〇二―二〇〇八。同志社大中退、京都織物会社を経て、指揮を近衛秀麿に師事。ベルリン国立音楽院でバイオリンを、ヴェルディ国立音楽院でベルカントを学び、伊、米を歌手として巡業。召集されて南京総司令部参謀部付幕僚、のち上海陸軍報道部に配属され、文化担当将校として活躍。戦後は日本でのクラシック音楽普及およびイタリアとの友好活動に多大な貢献をした（中川牧三＋河合隼雄二〇〇四）。
(243) 小牧正英一九七五、三一頁。
(244) 孫安石二〇〇五、七九―八九頁。
(245) 「上海公演史」一九四一年五月九日『大陸新報』。
(246) 小牧正英一九七七、二〇頁。中川牧三＋河合隼雄二〇〇四、九二頁。但し、中川の述懐は小牧に比べ曖昧である。
(247) 「ロシヤン・バレー團公演　ライシャムで」『大陸新報』一九四三年三月二四日。
(248) 一九四三年九月、汪精衛政権は上海の映画会社を合併させ中華電影聯合股份公司（略称：華影）を成立させた。その傘下に話劇部を設置する予定であったが上手くいかず、副社長となった張善琨は聯芸公司を作って俳優を集め、上海聯芸劇社の名義で上演活動を行った。瀬戸宏二〇一五、一一五頁。
(249) 邵迎建二〇一三、三三一、五一頁。
(250) 小牧正英一九八四、二二六頁。
(251) 榎本泰子二〇〇六、二二一二頁。
(252) 榎本泰子二〇〇六、二二八頁。
(253) 草刈義人「舞踊の春（中）」『大陸新報』一九四三年四月三日。
(254) 昨今の日本バレエ史と異なる点は、エリアナ・パヴロワの活動が無視されていることである。エリアナ・パヴロワ改め霧島エリ子は、一九四一年五月軍隊慰問中に急逝したため「軍属の栄誉」として称えられ、大日本舞踊連盟による舞踊葬がとりおこなわれた（川島京子二〇一二、八九―九六頁）。草刈義人がE・パヴロワを知らなかったとは考えにくく、彼女を「本格的なバレエ芸術家」と認めていなかったと思われる。

(255) DVD『バレエ《白鳥の湖》マリインスキー劇場版』（二〇〇六年、振付：プティパ／イワーノフ、振付改訂：コンスタンチン・セルゲーエフ。BBC）を参考にした。

(256) 一九四三年四月九日（四）〝連絡線〟欄「上響楽団無用論」、筆名：松岡生。

(257) 辻久一、一九一四―八一。東大独文科卒。三九年軍報道部として占領下上海の映画行政に従事。四三年除隊、中華電影に入社、国際合作処所属。四六年引揚げ、大映でプロデューサー、脚本家として活躍（辻久一『中華電影史話―一兵卒の日中映画回想記』凱風社一九八七年）。

(258) 辻久一「文化工作について」（上）（下）『大陸新報』一九四三年四月一五、一六日。

(259) 一九四三年五月七日『大陸新報』「第二回定期公演　バレーリュッス　十三日から三日間」、五月九日「〝千一夜物語〟から着想　東洋的な色彩の「シエヘラザード」　上海バレエ・リュッスの公演」。

(260) 朝比奈隆「小牧君、上海、私」小牧正英一九七七、八三―八六頁。

(261) 瀬戸宏二〇一五、一一八頁。

(262) 本段落の「文天祥」の成立、中国人側の受容に関しては瀬戸宏二〇一五、一一四―一二〇頁による。引用は一一九頁。

(263) 汪之成『近代上海俄国僑民生活』上海辞書出版社、二〇〇八、四三五頁。

(264) 馬博良「新片漫談」『申報』一九四六年一二月二九日。

(265) 松尾明美（一九一八〜）日劇のバレエチームに参加。東勇作バレエ団等を経て五二年松尾明美バレエ団を結成（ダンスマガジン編二〇〇一、二三頁）。

(266) ダンスマガジン編二〇〇一、三一頁。

(267) 中川牧三＋河合隼雄二〇〇四、二八頁、九三頁。中川は、小牧正英の踊りについて「踊るけど、飛びあがらないんです。

……飛び上がった時にポーンと上がらないとだめなんです。音楽と合うわけないでしょう」と非常に抽象的ながら、それ以前に欧米で見たバレエと比較して述べている。

(268) 薄井憲二、一九二四〜。蘆原英了（パリ留学したバレエ研究家）のバレエ研究会に参加。のち東勇作に師事。出征、シベリア抑留を経て東勇作バレエ団に復帰。国際バレエコンクールの審査員を歴任。

(269) ダンスマガジン編二〇〇一、四四頁。

(270) ダンスマガジン篇二〇〇一、九四頁。

(271) 小牧正英一九八四、二〇頁。

(272) 小牧正英一九八四、二二、三二頁。

(273) 「上海市立実験戯劇学校擬聘課外指導教員名単」上海档案館、資料Q二三二―二―一四七五。

第四章

(274) 杜宣は次のように回顧している。「〈一九三四年頃〉進歩的な中国の青年が続々と東京へ集まってきていたのです。彼らの目的は大学への入学ではなく、日本語を学ぶことによって、中国にくらべはるかに自由に出版されているマルクス主義関係の本や、その他の前衛的な書物を読むことにありました。私もそういう一人でした」（杜宣一九八四、No.6、二―六頁。五頁）。

(275) 呉は「東京に着いて初めは若松町に住んでいた」（呉暁邦一九八二、一〇頁）と記し、さらにそこが早稲田大学に近かったと記述していることから、新宿区若松町と特定できる。

(276) 一九二九年六月一三日、二〇日、二七日『早稲田大学新聞』。

(277) 日下四郎一九七六、一八七頁。

(278) 許幸之は一九二四年来日、二五年東京美術学校西洋画科に入学した（その後一度帰国、再来日）。司徒慧敏は一九二八年に来日し、一九二九年四月東京美術学校図案科に入学（小谷一郎二〇一〇、三〇―三二、三五―三六頁）。

(279) 小谷一郎二〇一〇、三九—四〇、四五—四六頁。
(280) 桑原和美二〇一一、六四頁。
(281) 呉暁邦一九八二、一四—一五頁。
(282) 小谷一郎二〇一〇、七〇—八〇頁。
(283) 小谷一郎二〇一〇、八一—八二頁。
(284) 杜宣は原名杜蒼凌。ペンネーム杜宣。劇作家、散文家、江西九江人。一九三三年上海で三三劇社を組織し、左翼戯劇運動を展開、同年九月より日本に留学し、東京で左翼の機関誌『雑文』を主宰していた（姚辛一九九九、一〇四頁）。
(285) 韋布「往事難忘—従呉暁邦的『我的舞踏芸術生涯』想起」呉暁邦、一九八二、一六五—一八四頁所収。韋布は生没年不詳、蘇州出身、上海美専で学び、「大水劇社」主催。一九三五年東京、日本大学に留学するが、中国留日劇人協会を組織し劇の上演を計画していたところ、一九三七年四月警察によって強制帰国。一九四一年杜宣が中共中央南方局の指示で桂林に新中国劇社を創設した際、韋布は理事長となり、劇社の経営管理方面を担当した。製作した映画に『三毛流浪記』（一九四八）がある。（韋布については目下、人名事典類では発見できないため、蘇州図書館ＨＰ「人物春秋」欄による。http://www.suzhouculture.cn/dfwxjb/show.aspx?col=%E4%BA%BA%E7%89%A9%E6%98%A5%E7%A7%8B&guid=e2f6b230-fde4-4c2d-a5c5-c71e9871265e）二〇一六年八月一七日アクセス。
(286) 韋布「往事難忘—従呉暁邦的『我的舞踏芸術生涯』想起」、呉暁邦一九八二、一七〇—一七一頁。
(287) 杜宣「従反逆者到拓荒者」呉暁邦一九八二、一五六—一六四、一五七頁。
(288) 韋布「往事難忘—従呉暁邦的『我的舞踏芸術生涯』想起」、呉暁邦一九八二、一七二頁。
(289) 村松道弥一九八五、一三八頁。
(290) 村松道弥一九八五、五六頁。
(291) 日下史郎一九七六、二一四—二二〇、二二六頁。
(292) 呉暁邦一九八二、二〇—二二。

(293)「江口：〝解緊させる〈リラクゼーション〉〟ということですが、私は解緊させることウィグマンに教わってそれを広めて行っています。落とすことで解緊を確認させているんですよ。落すとはたとえば腕を横に上げていてヒジをから先を下に落すという状態ですな。それも下に落すんではなく、筋肉が緩むからその重さで落ちるんだという説明をしているわけです。私は何か落す方が一番いいんだろうと思ってやっているんですが」（東京大学教授・猪飼道夫〈体育生理〉への江口隆哉によるインタビュー「筋肉と大脳の秘密」、金井芙三枝他監修二〇一二、四四四頁）。

(294) 夏衍はこの「文総」について、党と非党とが聯合した左連、社連（左翼社会科学者連盟）、劇連（左翼演劇家連盟）、美連（中国美術家連盟）を聯合した、統一戦線としての性質をもつ組織と位置付けている（夏衍「懶尋旧夢録」『夏衍全集』一五巻、二〇〇五．邦訳阿部幸夫訳、一九八九、八〇頁）。

(295)『申報』一九三三年一〇月一三―一五日広告「新芸術研究組合　新亜学芸伝習所　広告開課徴集学員」。なお、『申報』における新亜学芸伝習所の宣伝は一〇月一七日が最後であるが、当該記事は不鮮明で解読困難。

(296) 上海地方志办公室网站民国時期创设者「新亚学芸传习所」節 http://www.shtong.gov.cn/node1/node2245/node73148/node73154/node73182/node73816/userobject1ai86868.html　二〇一六年九月六日アクセス。

(297)「上海劇院成立」一九三五年二月二〇日、「上海劇院明日挙行考試」一九三五年二月二〇日、いずれも『申報』。

(298) 呉暁邦一九八二、一六頁。

(299)「西施楽劇即将公演　上海劇院秋後之新貢献」一九三五年九月一〇日『申報』。

(300) 多「西施拾零」一九三五年九月二四日『申報』。

(301)「歌踊演奏会　九月七日　在美婦女会挙行」一九三五年九月四日『申報』。

(302) Johann Ladislaus Dussek（一七六〇―一八一二）、ボヘミア生まれでボヘミアンとして各地を流浪し、刹那的で享楽主義の生涯であったが、溢れる作曲の才能によってピアノ曲集「ソナチネ」等数々の名曲を残した。

(303)「舞跳時代　呉暁邦出演西洋舞踏会姿態」一九三五年『時代』第八巻第六期。本資料の発見は邵迎建氏、完全版の閲覧は城山拓也氏のご尽力による。なお、本資料は従来の呉暁邦研究では把握されていなかった新資料である。

(304) 呉暁邦一九八二、一七頁。
(305) 明の劇作家湯顕祖による崑曲。
(306) 旧劇で開演前の前座の儀式の一つ。古代装束に身を固め、巻物を持って登場し巻物を広げてみせ、無言のまま舞台を三周し退場する。
(307) 馮道、八八二―九五四年。五代十国時代に五代の王朝全てで高官を務めたため、売国奴という見方もある。
(308) 希同「呉暁邦的舞蹈新作」一九三九年六月一一日『申報』。
(309) 呉暁邦一九八二、三三頁。
(310) 呉暁邦一九八二、三二頁。
(311) 本段落の上海業余劇人協会に関する内容は、瀬戸宏一九九〇、四一三―四一四頁による。
(312) 夏衍「懶尋旧夢録」『夏衍全集』一五巻、二〇〇五、阿部幸夫訳『上海に燃ゆ』三三一頁。
(313) 夏衍はこの救亡演劇隊について次のように回顧している。「十の隊伍の戦士たちが「十年の大災害〈文化大革命〉」のなかで、ついには「国民党の反共別動隊」だったといわれなき罪におとされようとは、だれが想像できたというのでしょう」。夏衍二〇〇五、三四六頁。邦訳は阿部幸夫訳『上海に燃ゆ』三四八頁による。
(314) 「先鋒演劇隊募款啓」一九三七年八月一三日『申報』。
(315) 『田漢全集』第一五巻、三七九―四三五頁（初出一九四二年）、三九一頁。
(316) 呉暁邦一九八二、三二―三三頁。
(317) 呉暁邦は「中法戯劇専科学校」と称している。その他にも〝中法劇校〟などの呼称があるが、〝中法劇芸学校〟が『申報』データベースではヒット数七七と最多である。従って、本稿は『申報』報道に従い〝中法劇芸学校〟と呼ぶ。これらの名称については瀬戸宏先生より御教示いただいた。この場を借りて感謝申し上げたい。
(318) 呉暁邦一九八二、三四頁。
(319) 邵迎建、二〇一二、六―八頁および邵迎建二〇一三、二六頁。

(320) 紫燕「中法戯芸学校訪問記」一九三八年一一月八日『申報』。
(321) 紫燕「中法戯芸学校訪問記」一九三八年一一月八日『申報』。
(322) 「芸壇簡報」一九三九年八月一六日『申報』によれば、呉暁邦が最近離職し香港へ向かうという。
(323) 「大鐘劇社　両劇団公演予報」一九三九年一一月九日『申報』。
(324) 拾得「新型舞踊劇「罌粟花」的演出使人十分興奮」一九三九年二月二三日『申報』。
(325) 呉暁邦「関於罌粟花的演出」一九三九年（民国二八）三月一〇日『文献』第六巻。邵迎建氏、楊韜氏の資料提供に感謝申し上げたい。
(326) いずれも前掲呉暁邦一九三九に引用されたものによる。
(327) 前掲、拾得「新型舞踊劇「罌粟花」的演出使人十分興奮」。
(328) 陳歌辛「「罌粟の花」的音楽、等等」一九三九年（民国二八）三月一〇日『文献』第六巻。邵迎建氏、楊韜氏提供。
(329) 「人事動態」『申報』一九三九年三月六日。
(330) 「孤島劇壇之春」一九三九年四月九日『申報』（香港版）。

第五章

(331) 戴愛蓮の本当の姓は阮といい（戴愛蓮口述、二〇〇三、一―四頁）、祖先がトリニダード・トバゴに渡った際に手違いで「Dai」になった。今日中国では戴愛蓮で通っているため、本稿もこの表記に従う。
(332) エプシュタイン一九九五、一一八頁。
(333) 中国大百科全書総編編集委員会編一九九二、一〇八頁。
(334) 戴愛蓮口述、二〇〇三、七六、八〇頁等。
(335) 拙稿二〇〇八。
(336) 葉浅予二〇〇六。葉にとって戴は三人目のパートナーである。

(337) 李妍紅二〇〇九。

(338) Glasstone, Richard, 2007.

(339) 陳友仁はトリニダード・トバゴ生まれ。当地で弁護士として成功し、子女の教育のためにロンドンへ移住。一九一二年上海へ渡り、孫文に賛同して国民党に加入する。一九一八年には孫文下の国民政府代表としてパリ講和会議に臨席し、二二年には孫・ヨッフェ会談にも立ち会う等、孫文の外事顧問として辣腕をふるった。孫文死後は反蔣介石の姿勢を貫いたため、三三年に国民党を除名され、仏に亡命。日中戦争開始に伴い再び帰国し、香港で抗日活動を推進した。日本軍の香港占領の際に逮捕され、一九四四年獄中で病死した（ジャック・チェン一九七八、二六―四〇頁、六〇頁。山田辰雄編一九九五、一〇二―一〇三頁）。

(340) 園田節子二〇〇九、四二頁。

(341) 陳元珍〈Jack Chenの二度目の妻〉二〇一〇、一五―二一頁。戴愛蓮口述二〇〇三、一頁。

(342) 「抗戦爆発時世界各地華僑人口統計表（不計港台澳門）」、任貴祥一九八九、三七頁。

(343) 戴愛蓮口述二〇〇三、六頁。

(344) Chen, 1979, p.7–11.

(345) 本稿は英語圏での通称シルヴィア（Sylvia）で通す。Silan、茜蘭または思蘭と表記、結婚後Silan Chen Leyda、舞踊家、振付家。一九三〇～四〇年代に米国、南米等で中国義援金公演を行う。戦後はハリウッドで振付家として活躍した（Chen, 1979, p.14, 200およびLeyda, 1984）。

(346) Leyda, 1989, p.17.

(347) 戴愛蓮口述二〇〇三、一六頁。Leyda, 1989, p.40, 233.

(348) Leyda, 1989 p.114, 124–129.

(349) Dolin, 1973, p.130.

(350) Dolin, 前掲注（20）p.142.

(351) A・ドーリンは一九二一―二九年ディアギレフ・バレエ・リュスで踊った。英国ではマルコワ-ドーリン・バレエ（現在のイングリッシュ・ナショナル・バレエ団）を創設し、英国バレエ界での功績によりナイト爵を授けられた（Dolin, 1982の表紙カバーの作者紹介。及びリチャード・バックル一九八四、一六三―一六八頁）。

(352) ディアギレフ・バレエ・リュスのダンサーだったアリシア・マルコワは、解散直後ダンサーたちはパリでもロンドンでも仕事が少なく窮したと証言している（ゲラー&ゴールドファイン監督二〇〇五、七分三八―四六秒）。

(353) 戴愛蓮口述二〇〇三、三〇頁。

(354) 海野弘一九九九、六四頁。

(355) バックル一九八四、二七七頁、Rambert, 1972, 54.

(356) Rambert, 1972, p.104, 106.

(357) Rambert, 1972, p.196.

(358) 山口庸子二〇〇六、三八頁。

(359) 戴愛蓮口述二〇〇三、三七頁。

(360) 「緑のテーブル」は黒衣の紳士、別れ、戦い、亡命、ゲリラ、娼家、戦後、黒衣の紳士の八場構成。第一次大戦の悲惨な記憶から、大戦が繰り返される前兆としての現状までを表現する（海野弘一九九九、二四九頁）。

(361) 戴愛蓮口述二〇〇三、四五頁。

(362) Walther, 1994.

(363) 戴愛蓮口述二〇〇三、四五頁。

(364) Clegg, 2003, p.61

(365) The China Campaign Committeeは一九三七年九月ロンドンで結成（Clegg, 2003, p.10）。

(366) 菊池一隆二〇〇九、第六章。

(367) 任貴祥一九八九、六四頁。

(368) 尚明軒編二〇〇九、三一七頁。

(369) 中華全国帰国華僑連合会文化交流部編二〇〇六、二四七頁。Clegg, 2003, p.10.

(370) 一九三四―三五年ドイツ・ダンス・フェスティヴァルでラバンとヴィグマンはナチスの美学を表現した。だが、三六年ベルリン・オリンピック開会式の振付を巡ってラバンはゲッペルスと決裂。四〇年代にはヴィグマンも活動停止を命じられた（海野弘一九九九、七五、二一三頁）。

(371) ルドルフ・ラバン二〇〇七、二〇五頁。

(372) 戴愛蓮口述二〇〇三、五〇頁。

(373) 海野弘一九九九、二五二頁。

(374) 高嶋雄三郎一九八一、八〇―八九頁。金賛汀二〇〇二、一五八―一六八頁。

(375) 菊池一隆二〇〇四、三六六、三七〇頁。

(376) Leyda, 1989, p.245.

(377) 中華全国帰国華僑連合会文化交流部編二〇〇六。

(378) 戴愛蓮口述二〇〇三、八一頁。

(379) *China Defense League Report* 1939-40, Hong Kong: The Central Committee, China Defense League, 1939/40 (Peter O'Connor, 2011所収)、*China Defense League Newsletter* vol.24, p.294. 保衛中国同盟についてはニューズレター及びエプシュタイン、一九九五下、四―五頁、四六―四九頁によった。

(380) Horder, 1995, pp.492-495.

(381) James Munro Bertram、ニュージーランドの作家、ジャーナリスト、一九一〇―九三（バートラム一九七三、四四九―四五〇頁）。

(382) 戴愛蓮口述二〇〇三、八一頁。

(383) Clegg, 2003, p.56.

(384) 張潔明一九九九、一五八頁。
(385) エプシュタイン一九九五、上、二七五—二八二頁、三〇三—三〇四頁、下、一三頁。
(386) エプシュタイン一九九五、上、二五六—一五七頁。
(387) 葉浅予二〇〇六、一三九、三八四—三八五。葉浅予は保衛中国同盟の秘書であった廖夢醒を通じて依頼されたという。
(388) 戴愛蓮口述二〇〇三、八一頁。
(389) 葉浅予二〇〇五、二六六—二七五頁。
(390) 張天漫「葉浅予的芸術歴程」、葉浅予二〇〇五冒頭に所収。
(391) 葉浅予の経歴は葉浅予二〇〇六、七—八、四九—五九頁による。
(392) 畢克官一九八四、第二二章。
(393) 副リーダー張楽平、そのほか盛特偉、梁白波、廖冰兄、黄茅など。一九四〇年国民政府軍事委員会政治部第三庁が改組されたため、経費が途絶えて解散した（森哲郎編著一九九九、一一一—一一四頁。黄茅一九七三、四八頁）。
(394) 瀧下彩子二〇〇七、二四一頁。
(395) 坂元ひろ子二〇一〇、一二〇頁。
(396) 井上薫二〇〇三、一一—二〇頁。
(397) 瀧下彩子二〇〇七、二四二頁。
(398) 葉浅予二〇〇六、六〇頁。
(399) 戴愛蓮口述二〇〇三、八五、八七頁。尚明軒編二〇〇九、四一八、四二七頁。葉浅予二〇〇六、三八六頁。
(400) 『新華日報』一九四一年二月七日。
(401) Chen, 1979, p.20. Layda, 1989, pp.150-151.
(402) 『中国舞踏大辞典』には「国旗進行曲」の項目はないが、「前進」の項（王克芬他編、二〇一〇、三九三—三九四頁）と戴愛蓮の証言を比べると、初演年、初演の経緯説明及び題目の類似性から、「国旗進行曲」をさす可能性が高い。

(403) 魔女が転んだのを笑った王子が魔法をかけられ三つのオレンジに恋するという寓話をプロコフィエフがオペラ化。この寓話は戴愛蓮の振付には影響していないと考える。
(404) 王克芬他編二〇一〇、三九三―三九四頁。
(405) 戴愛蓮口述二〇〇三、七〇、七二頁。
(406) 王克芬他編二〇一〇、二五一頁。
(407) 戴愛蓮口述二〇〇三、八五、頁。
(408) 胡風一九九七、南雲智監訳、第四部第二章。
(409) 舞踊解説は王克芬他編二〇一〇、一一〇頁。
(410) 戴愛蓮口述二〇〇三、八一頁及び葉永烈二〇〇三、七二頁。
(411) 王克芬他編二〇一〇、四六八頁、馮双白等編二〇一〇、一八四頁。
(412) 史仲文主編二〇〇六、一〇〇五頁。王克芬他編二〇一〇、七四頁。但し王克芬他編はヴィグマンがドイツの表現舞踊系であることには言及している。
(413) 戴愛蓮口述二〇〇三、七二頁。
(414) 菊池一隆二〇〇九、三〇六頁。
(415) エプシュタイン一九九五、八六、八八頁。

第六章

(416) 中国では一九四六年に陶行知が没して以降、建国までその思想が人民教育発展のためのよりどころであった。文革で陶行知の功績が否定された時代を経て、一九八〇年代以降、陶の教育理論研究は現代中国社会における問題に即して展開されつつある（張鵬二〇一三）。一方日本では、陶と近い世代の斎藤秋男が総体的な陶行知研究を行い、文革前後も研究は絶えることはなかった。戦後を代表する陶行知研究者、牧野篤は、「生活教育」理論の形成過程とその構造を分析している（牧野篤一九九三）。
(417) 呉暁邦一九八二、四〇—四九頁、盛婕二〇一〇、三三—三六頁、戴愛蓮口述二〇〇三、一二〇—一二五頁。
(418) 各地を救国抗日宣伝して回った子どもたちの団体。陶行知が設立した新安小学を母胎とし、陶の教え子汪達之（一九〇三—一九八〇）を団長として一九三五年に正式に結成（牧野篤一九九三、第二節「新安旅行団の闘い」、四七九—五〇六頁）。
(419) このテーマについては拙稿二〇一五で陶行知を中心に論述したことがあるが、ここでは重慶につながる呉暁邦、盛婕の活動として論及しておく。
(420) 呉は新安旅行団に来た時期を一九四〇年六月からとするが、陶行知の呉宛て書簡一九三九年一一月一五日は、呉が桂林から育才学校へ向かうことを歓迎する内容であるため、一年前である可能性が残る。なお、本節における呉の新安旅行団に関する証言は、呉暁邦一九八二、四一—四四頁による。
(421) 牧野篤一九九三、第二節「新安旅行団の闘い」四七九—五〇六頁。
(422) 牧野篤一九九三、五〇二頁。
(423) 王克芬ほか編二〇一〇、七一頁。
(424) 呉暁邦一九八二、四三頁。「桃色の雲」日本語版ははじめ秋田雨雀編『最後の溜息』（叢文閣一九二一）に収録、本著ではエロシェンコ一九七四による。
(425) エロシェンコ「桃色の雲」の中国における受容については、藤井省三一九八九、一四四—一五〇、二二四頁による。
(426) 「雑億」『魯迅全集』第一巻、人民大学出版社二〇〇五、二三七頁。初出『莽原』第九期、一九二五年六月。
(427) 王克芬ほか編二〇一〇、二〇四頁。
(428) 呉暁邦一九八二、四五頁。桂林—重慶の間の呉の活動については調査中である。
(429) 盛婕二〇一〇、三四頁。呉暁邦一九八二、四七頁。戴愛蓮口述二〇〇三、八八頁。
(430) 陶行知「賀呉暁邦、盛婕先生結婚」、陶行知二〇〇五、第七巻、七三八頁。
(431) 盛婕二〇一〇、三五頁。

(432) 拙稿二〇一一ではこれを当初の予定通り六月五、六日公演としていたが、当日に大隧道窒息事件が起きたため延期された（洛名「関於新舞踊表演——一七、一八在抗建堂」『新華日報』一九四一年六月一九日）ここに訂正したい。

(433) 盛婕二〇一〇、三五頁。

(434) 一九四一年六月五日夕刻、日本軍機による重慶空襲の中、日ごろ防空洞の一つとなっていた較場口隧道に最大定員の倍以上の人々が逃げ込み、そこへ通風機の故障が重なったために、数千人もの人々が窒息死した（前田哲男一九八八、三〇〇—三一九頁）。

(435) 戴愛蓮口述二〇〇三、八八—八九頁。「思郷曲」については一〇三—一〇五頁、「東江」については一〇五頁。

(436) Leonid Panteleev（一九〇八—一九八七）ソ連の児童文学作家。中国では一九三五年、魯迅がいち早く童話「時計〈中文題目「表」〉」を訳し（初出一九三五年三月『訳文』第二巻第一期）、魯迅の没後一九三八年に単行本として上海生活書店から出版された。（『魯迅全集』第十巻、二〇〇五、四三五頁）

(437) 洛名「関於新舞踊表演——一七、一八在抗建堂」、一九四一年六月一九日。

(438) 戴のいう「国立歌劇学校」（戴愛蓮口述二〇〇三、一〇七頁）が「国立歌劇院」を指すとすれば、その前身は山東省省立劇院で戦争のため重慶に移転したものである。一九四〇年に国立実験劇院と改称、四二年にその訓練部を基礎として国立歌劇学校を設立。重慶から北碚に移転し、王泊生を校長とした。

(439) 戴愛蓮口述二〇〇三、一〇七—一〇八頁。

(440) 葉浅予二〇〇六、一六四頁。

(441) 戴愛蓮口述二〇〇三、一一七—一二二頁。

(442) 彭松は一九四三年重慶の国立歌劇学校で学び、一九四四年には戴愛蓮に師事するようになり、育才学校での教育に当たった。彼は戴愛蓮の辺境舞踊収集にも同行した。建国後は舞踊教師および舞踊史学家として活躍している（王克芬ほか編二〇一〇、三八二頁）。

(443) 葉寧はもともと国立音楽学院でピアノを学んだが、舞踊に転じ、建国後は舞踊教育に従事し、舞踊理論を教えた（王克芬ほか編二〇一〇、六三四頁）。

(444) 黎国荃は遼寧省瀋陽の人。北京美術学校音楽系、広州国立芸術専科学校の音楽系に学ぶ。抗戦期は重慶中央電台楽隊、国立歌劇学校、国立音楽院実験管弦楽団、中華交響楽団などでコンサートマスターやバイオリン講師をつとめた（中国大百科全書出版社編集委員会『中国大百科全書：音楽　舞踏』中国大百科全書出版社一九九八、三七〇頁、執筆者「楊秉蓀」）。

(445) 呉樹琴宛て陶行知書簡。『陶行知全集』第九巻、三二四頁。陶行知自ら二七〇枚のチケットを売りさばいた。

(446) 笪移今宛て陶行知書簡。『陶行知全集』第九巻、三六〇頁等、陶行知の重慶時代の書簡には、頻繁に育才学校での音楽会について言及がある。

(447) 拙稿二〇一五年五月で考察した。

(448) 夏衍「懶尋旧夢録」『夏衍全集』第一五巻、二六八頁。

(449) 育才学校成立については、牧野篤一九九三、一六一―一六三頁による。

(450) 鄭瑛「〝就像燎原之火一般地伝播開来〟――宋慶齢与陶行知」、鄭瑛一九九九、三〇八―三一五頁。

(451) 牧野篤一九九三、六一一頁。

(452) 同姓同名のバイオリニスト楊秉蓀（一九一四～一九六六）がいるが、ここでは陳貽鑫の証言（「従難童到小提琴家」「一次不尋常的演出」『戦闘的育才少年』四川少年児童出版社、一九八四、一二三―一二八頁）より、一九二九年生まれの楊秉蓀の方を指すと考えられる。

楊秉蓀（一九二九―）一九三九年、重慶歌楽山大日坎第一児童保育園からスカウトされ、初めは育才学校社会科学組に入る。音楽の才能を見出され、四一年から音楽組でピアノ、バイオリンを習う。建国後、上海交響楽団（上海工部局交響楽団の後身）の団員となる。五七年ハンガリーのリスト音楽院に留学。帰国後は中央交響楽団のコンサートマスターに。作曲家としてはピアノ曲の作曲多数。文化大革命で迫害され、文革後中央交響楽団のコンサートマスターに復帰（以上、前掲「従難童到小提琴家」）。

その後、米国テキサスに移住したらしい。http://www.ireneeng.com/?p = 1535 二〇一三年八月七日アクセス。

(453) 中国語版不鮮明。英語版「Chen Yihsin」。陳貽鑫「従難童到小提琴家」「一次不尋常的演出」前掲より、陳貽鑫であると判断した。

(454) 中国語版不鮮明。英語版「Huang HsiaoChuan」、不詳。諸氏の御教示を請いたい。

(455) 杜鳴心（一九二八―　）作曲家。三八年に親を亡くし児童保育院で育つ。三九年陶行知の育才学校の生徒として選抜され、音楽組で賀緑汀、黎国荃に学ぶ。四七年学校の移転に伴い上海へ。建国後中央音楽学校で教える。五四年モスクワ国立チャイコフスキー音楽学院に留学、作曲を学ぶ。六九年中央バレエ劇院で作曲に従事。『紅色娘子軍』（共作、一九六九）等の舞劇及びピアノ曲等の作曲で知られる（中国大百科全書出版社編集委員会一九九八、一四六頁）。

(456) 周風風、黄子龍、隆徴秋、呉芸は、国立歌劇学校舞踏教研組における戴愛蓮の門下生。それ以外の点は不明（戴愛蓮口述二〇〇三、一〇七―一〇八頁）。

(457) 戴愛蓮口述二〇〇三、一〇六―一〇七頁。

(458) 育才学校の「音楽舞踊大会」の上演は一九四四年一一月三日～六日重慶、抗建堂。その前後、抗建堂では次のような劇が上演されている。四四年九月二七日―　徐昌霖『重慶屋檐下』　演出：史東山　勝利劇社。四四年一二月一六日～アンドレーエフ原作、師陀／于伶訳『大馬戯団』業余劇社（阿部幸夫二〇一二、巻末上演年表）。

(459) 彼らの重慶での活動については、阿部幸夫二〇一二に詳しい。

(460) 田漢「看育才学校舞踊音楽会」初出『新聞報』一九四七年九月二二日、『田漢全集』第一六巻、二〇〇〇、五九九―六〇一頁。

(461) 戴愛蓮口述二〇〇三、一三三頁。

(462) 黒柳徹子は小学低学年時に受けた石井漠の指導を、半自叙伝にて次のように描いている。「バレーの靴もはかず、はだしで飛び回って、自分の考えたポーズをするのも、トットちゃんは好きだった。……別れ際に先生はいった。「白鳥もいいけど、自分で創って踊るの、君、好きになって、くれないかなあ」……当時五十歳の、この石井漠は、小さいトットちゃんにも、心をこめて、「自由に踊る楽しさ」を教えてくれようとしたのだった」（黒柳徹子一九八一、一八六頁）。

参考文献

日本語文献

晏妮『戦時日中映画交渉史』岩波書店、二〇一〇
赤座憲久「日本の児童文学史論（四）」『大垣女子短期大学研究紀要』二八、一九八九、一一八―一二八頁
阿部幸夫『幻の重慶二流堂――日中戦争化の芸術家群像』東方書店、二〇一二
飯島千雍子「短大保育科の歴史から――保育者養成を支えた教師陣」『史料室だより』No.七二　東洋英和女学院資料室委員会　二〇〇九年三月一六日　一―七頁
井口淳子「ライシャム劇場、一九四〇年代の先進性――亡命者たちが創出した楽壇とバレエ」、大橋毅彦・関根真保・藤田拓之編二〇一五、三六―五〇頁
池田徳眞『プロパガンダ戦史』中央公論新社、二〇一五
石井歓『舞踊詩人　石井漠』未来社　一九九四
石井漠『皇軍慰問　北支から中支まで』日本教育資料刊行会、一九三九
石井漠「崔承喜と私」『世界』一一九巻、一九五五年一一月、一七四―一八二頁
石井漠「崔承喜の人気」『芸術新潮』八巻、一九五七年一月号、一八四―一八七頁
石井みどり『よく生きるとは、よく動くこと』草思社　二〇〇四
アニエス・イズリーヌ『ダンスは国家と踊る　フランス・コンテンポラリー・ダンスの系譜』慶應義塾大学出版会　二〇一〇
井上薫「『上海漫画』におけるC・H・シュトラッツの受容：ドイツ裸体主義運動と「世界人體之比較」」『中国研究月報』五七巻九号、社団法人中国研究所、二〇〇三、一―二〇頁

イ・ヨンスク「踊る女――崔承喜のこと」『図書』二〇〇九年一月、岩波書店、一八―二二頁
岩野裕一『王道楽土の交響楽　満州――知られざる音楽史』音楽之友社　一九九九
内田知行「重慶国民政府の抗日政治宣伝政策と日本人反戦運動」『中国研究月報』五二（一〇）一九九八年一〇月
宇野木洋／松浦恆雄編『中国二〇世紀文学を学ぶ人のために』世界思想社、二〇〇三
海野弘『モダンダンスの歴史』新書館、一九九九
メアリー・ヴィグマン『舞踊の表現』河井冨美恵ほか訳、大修館、一九七六
榎本泰子『楽人の都・上海　近代中国における西洋音楽の受容』研文出版、一九九八
榎本泰子『上海オーケストラ物語』春秋社、二〇〇六
イスラエル・エプシュタイン『宋慶齢伝（下）』久保田博子訳、サイマル出版会、一九九五
ワシリイ・エロシェンコ『ワシリイ・エロシェンコ作品集一　桃色の雲』高杉一郎編、みすず書房、一九七四
小澤考人「アジアのオリンピック・東亜競技大会」『幻の東京オリンピックとその時代　戦時期のスポーツ・都市・身体』坂上康博、高岡裕之編、青弓社　二〇〇九　一六二―一九七頁
折田泉『憶ひ出』一九四一―四五。手稿。蔡瑞月舞踊基金会蔵
夏衍『ペンと戦争』阿部幸夫訳、東方書店、一九八八
夏衍『上海に燃ゆ』阿部幸夫訳、東方書店、一九八九
糟谷里美『日本バレエのパイオニア――バレエマスター小牧正英の肖像』文園社　二〇一一
糟谷里美『バレエ振付演出家　小牧正英（一九一一―二〇〇六）研究：バレエ・ルッスの日本への導入をめぐって』御茶ノ水女子大学博士論文、二〇一四
片岡康子編『二〇世紀舞踊の作家と作品世界』遊戯社　一九九九
金井芙三枝ほか監修『江口隆哉対談集　芸のこと　技のこと』アート・ダイジェスト、二〇一二
川島京子『日本バレエの母　エリアナ・パブロバ』早稲田大学出版部、二〇一二

川端康成「朝鮮舞姫崔承喜」『文芸』一九三四年一一月号、一五三—一五七
河原功『台湾新文学運動の展開　日本文学との接点』研文出版、一九九七
菊池敏夫・日本上海史研究会編『上海　職業さまざま』勉誠出版、二〇〇二
菊池一隆『重慶国民政府史の研究』東大出版会、二〇〇四
菊池一隆『中国抗日軍事史一九三七—一九四五』有志舎、二〇〇九
岸陽子「夜に啼く鳥——大東亜文学者大会と一人の中国女性作家」『中国知識人の百年　文学の視座から』早稲田大学出版部
　二〇〇四　一四五—一七九
岸陽子「三つの『女聲』——戦時下上海に生きた女たちの軌跡」『国文学解釈と鑑賞　別冊　今という時代の田村俊子』二〇〇
　五　二二一—二三一
北岡正子「雷石楡『沙漠の歌』—中国詩人の日本語詩集—」『日本中国学会報』四九、一九九七
金賛汀『炎は闇の彼方に　伝説の舞姫・崔承喜』NHK出版、二〇〇二
金恩漢『イデオロギーと創作舞踊伝統——北朝鮮の舞踊家・崔承喜をめぐって』Working Papers No.12、立教大学アジア地域
　研究所、二〇〇四年一二月
日下四郎『モダン・ダンス出航——高田せい子とともに』木茸社　一九七六
國吉和子『夢の衣装　記憶の壺　舞踊モダニズム』新書館　二〇〇二
久保覚（鄭京默）「『半島』の舞姫　崔承喜論のために」『新日本文学』No.三九六、一九八〇年八月号
桑原和美「昭和時代初期の舞踊——川端康成を通して」『舞踊学』（一二）一九八九　七—一八頁
桑原和美「宮操子の半生と戦地慰問」『就実論叢』四一、二〇一一　六一—八一頁
黒柳徹子『窓ぎわのトットちゃん』講談社　一九八一
高榮蘭「交錯する文化と欲望される『朝鮮』——崔承喜と張赫宙の座談会を手掛かりに」『語文』六九—八四、日本大学国文学
　会　二〇一〇　一二三六頁

小谷一郎『一九三〇年代中国人日本留学生文学・芸術活動史』汲古書院、二〇一〇
小谷一郎『一九三〇年代後期中国人日本留学生文学・芸術活動史』汲古書院　二〇一一
後藤康行「戦地に舞う慰問舞踊：戦時下の兵士がみた女性舞踊家たち」『専修史学』(五三)、専修大学歴史学会　二〇一二—一
一　三三—五五頁
胡風『胡風回想録』南雲智監訳　一九九七　論創社
小牧正英『ペトルウシュカの独白』三恵書房　一九七五
小牧正英『バレエと私の戦後史』毎日新聞社　一九七七
小牧正英『晴れた空に…舞踊家の汗の中から』未来社　一九八四
小林宗作「欧米音楽教育界の相」『学校音楽』二巻八号　共益商社書店　一九三四
坂元ひろ子「漫画表象に見る上海モダンガール」『モダンガールと植民地的近代　東アジアにおける帝国・資本・ジェンダー』
岩波書店、二〇一〇、一一七—一五〇
崔承喜「石井漠先生への手紙」『世界』一二二号　一九五六年二月
蔡培火『東亜の子かく思ふ』岩波書店　一九三七
阪口直樹『十五戦争期の中国文学　国民党系文化潮流の視角から』研文出版　一九九六
下村作次郎「現代舞踊と台湾文学——呉坤煌と崔承喜の交流を通して」『「磁場」としての日本　一九三〇、四〇年代の日本と
「東アジア」』第一輯　埼玉大学教養学部　二〇〇八　四三—六九
サファイア、オリガ『私のバレエ遍歴』清水威久訳、霞ヶ関出版，一九八四
邵迎建『伝奇文学と流言人生：一九四〇年代上海・張愛玲の文学』御茶の水書房　二〇〇二
邵迎建「ＬＹＣＥＵＭから蘭心へ——日中戦争期における蘭心劇場」『【アジア遊学一八三】上海租界の劇場文化』勉誠出版二〇
一五年四月、一二三—一三七
鈴木晶『バレエ誕生』新書館　二〇〇二

鈴木正夫「淪陥期上海における柯霊の『万象』の編集について」『関東学院大学文学部紀要』第一一五号、二〇〇八 一—三二頁
鈴木将久『上海モダニズム』中国文庫 二〇一二
スポールディング、フランセス『ヴァネッサ・ベル』宮田恭子訳、みすず書房 二〇〇〇
瀬戸宏「演劇隊について—演劇九隊を中心に—」『樋口進先生古希記念 中国現代文学論集』中国書店 一九九〇 四一二—四三〇頁
瀬戸宏『中国話劇成立史研究』東方書店、三三一—三五五 二〇〇五
瀬戸宏「ライシャム劇場（蘭心大戯院）と中国話劇」『【アジア遊学一八三】上海租界の劇場文化』勉誠出版二〇一五年四月、一一二—一二二
園田節子『南北アメリカ華民と近代中国 一九世紀トランスナショナル・マイグレーション』東京大学出版会、二〇〇九
孫安石「米国人宣教師と日中戦争、上海の敵国人集団生活所——オレゴン州立大学所蔵の宣教師関連スペシャル・コレクション」『人文学研究所報』三八号、神奈川大学人文学研究所二〇〇五、七九—八九頁
瀧下彩子「抗日漫画宣伝活動と『国家総動員画報』の作家達—醸成される抗日イメージ」平野健一郎編著『日中戦争期の中国における社会・文化変容』東洋文庫、二〇〇七
高嶋雄三郎『崔承喜』（増補版）むくげ舎、一九八一
高嶋雄三郎、鄭昞浩編『世紀の美人舞踊家崔承喜』エムティ出版、一九九四
田中益三「日中砂漠下の二人の詩人——小熊秀雄と雷石楡」『野草』六四、一九九九
垂水千恵『台湾の日本語文学——日本統治時代の作家たち』五柳書院、一九九五
垂水千恵「呂赫若の音楽活動——台中師範・東宝声楽隊との関係を中心として」『横浜国立大学留学生センター紀要五』一九九八、一一四—一二四
垂水千恵『呂赫若研究——一九四三年までの分析を中心として』風間書房、二〇〇二

垂水千恵「呂赫若とは誰か」「一九四〇年代の台湾文学――雑誌『文芸台湾』と『台湾文学』」『講座台湾文学』藤井省三・河原功・垂水千恵・山口守編、国書刊行会二〇〇三　一一〇―一三一頁

ダンカン、イサドラ『芸術と回想』S・チェニー編、小倉重夫訳編、冨山房　一九七七

ダンスマガジン編『日本バレエ史　スターが語る私の歩んだ道』新書館　二〇〇一

ダンスマガジン編集部『モーリス・ベジャール　一九二七―二〇〇七』新書館、二〇〇七

チェン、ジャック『文化大革命の内側で（上）』小島晋治・杉山市平訳、筑摩書房、一九七八

張鵬「陶行知の創造性教育実践に関する考察―現代中国における位置づけについて―」『早稲田大学大学院教育学研究科紀要別冊』二〇号―二、二〇一三、四九―五八頁

陳雅萍「解放と統制――初期台湾モダンダンスにおける植民地的近代と女性の舞踊身体」鈴木雅恵訳、『西洋比較演劇研究』第六巻、日本演劇学会分科会西洋比較演劇研究会、二〇一〇、六七―七九頁

鄭應洙「斎藤茂吉の「舞踊」――崔承喜をめぐって」『比較文学研究』六二、東大比較文学会、一九九三、一五二―一五八頁

徳齢『西太后に侍して』太田七郎、田中克己訳、研文社　一九九七

戸ノ下達也『音楽を動員せよ　統制と娯楽の十五年戦争』青弓社　二〇〇八

杜宣「インタビュー　わが青春の日本留学時代」『鄔其山』一九八四、No.六、二―六頁

中川牧三＋河合隼雄『一〇一歳の人生をきく』講談社　二〇〇四

中島利郎、河原功、下村作次郎編『台湾近現代文学史』研文出版　二〇一四

中村哲夫「IOC会長バイエ・ラトゥールから見た東京オリンピック」『幻の東京オリンピックとその時代―戦時期のスポーツ・都市・身体』坂上康弘／高岡裕之編、青弓社、二〇〇九　二二―六七頁

南富鎭『近代文学の〈朝鮮〉体験』勉誠出版　二〇〇一

南富鎭・白川豊編『張赫宙日本語作品選』勉誠出版　二〇〇三

西村正男「中国現代作家と流行歌曲―魯迅、張天翼の事例から」『中国二一』vol.二四、愛知大学現代中国学会、二〇〇六年二月、

八七―一〇〇頁
西村正男「黎錦暉作「毛毛雨」の発表時期をめぐって」『言語と文化』一〇号、関西学院大学、二〇〇七、六九―七八頁
芳賀直子『バレエ・リュス その魅力のすべて』国書刊行会 二〇〇九
朴祥美「「日本帝国文化」を踊る――崔承喜のアメリカ公演(一九三七―一九四〇)とアジア主義」『思想』、岩波書店、二〇〇五年七月号 一二六―一四五頁
朴祥美「崔承喜研究の動向と資料紹介」『早稲田大学高等研究所紀要』第二号、二〇一〇年三月 九三―九五頁
バックル、リチャード、『ディアギレフ ロシア・バレエ団とその時代』上、鈴木晶訳、リブロポート、一九八四
バートラム『西安事件:抗日民族統一運動の転機』岡田丈夫・香内三郎・竹内実訳、太平出版社、一九七三
橋本與志夫『日劇レビュー史 日劇ダンシングチーム栄光の五〇年』三一書房 一九九七
早坂隆『戦時演芸慰問団「わらわし隊」の記録 芸人たちが見た日中戦争』中公文庫 二〇一〇
畢克官『中国漫画史話』落合茂訳、筑摩書房、一九八四
桧山久雄「日本語詩人雷石楡のこと」『中国文学の比較文学的研究』汲古書院 一九八三
フォンテーン、マーゴ『マーゴ・フォンテーンが語るバレリーナの世界』湯河京子訳、音楽之友社 一九八一
藤井省三『魯迅「故郷」の風景』平凡社 一九八六
藤井省三『エロシェンコの都市物語』みすず書房 一九八九
藤井省三「解説」、張愛玲/楊絳『浪漫都市物語 上海・香港'40S』JICC 一九九一
藤井省三「台湾人作家と日劇「大東亜レビュー」――呂赫若の東宝国民劇」『台湾文学この百年』東方書店 一九九八
藤井省三『二〇世紀の中国文学』放送大学出版会 二〇〇五
文園社編集部『バレリーナへの道 バレリーナ谷桃子の軌跡』文園社、二〇〇六
ベル、クェンティン『回想のブルームズベリー』北條文緒訳、みすず書房 一九九七
星野幸代「中国バレエ前史」『言語文化論集』名古屋大学国際言語文化研究科 二六巻二号、二〇〇八 一一一―一二一頁

星野幸代「日本統治下文化工作における上海バレエ・リュスと小牧正英——『大陸新報』報道を追って」『JunCture超域的日本文化研究〇二』名古屋大学大学院文学研究科附属日本近現代文化研究センター 二〇一一年三月 一二〇—一三一頁
星野幸代「抗日運動における舞踊家・戴愛蓮——陳友仁、宋慶齢との関わりを中心に」『東方学』第一二四集 東方学会 二〇一二年七月 五四—七〇頁
星野幸代「石井漠・石井みどり・蔡瑞月——日台現代舞踊のアンビヴァレントな関係」黄英哲、星野幸代、楊韜企画・編集『蔡瑞月とその時代——日台モダンダンスを拓く』あるむ出版 二〇一四 ＊二〇一四年七月一二日愛知芸術文化センター企画「石井漠・石井みどり・蔡瑞月とその時代」パンフレット
星野幸代「抗日戦争時期跳在上海的舞蹈家——以蘭心大戯院為主要舞台」、大橋毅彦、趙怡、榎本泰子、井口淳子編『上海租界与蘭心大戯院——東西芸術融合交匯的劇場空間』上海人民出版社、二〇一五年一月 二〇五—二一八頁
星野幸代「日中戦争期上海で踊る——交錯する身体メディア・プロパガンダ」、大橋毅彦編『アジア遊学 特集・上海租界劇場文化が放つ光芒』勉誠出版、二〇一五年四月一五日 六三—七二頁
星野幸代「抗日舞踊と育才学校の接点 陶行知、戴愛蓮、呉暁邦の合作」馬場毅編『多角的視点から見た日中戦争 政治・経済・軍事・文化・民族の相克』集広舎、二〇一五年五月、三一三—三三六頁
星野幸代「日中戦争期における植民地出身の舞踊家——崔承喜、蔡瑞月、李彩娥」『洌上古典研究』vol.四七、延世大学洌上古典研究会、二〇一五年一〇月
星野幸代編訳、蟹江静夫・李楊・高媛・李程思・陳悦・陳玲訳「（共訳）張愛玲「談跳舞」『言語文化論集』三四—二、名古屋大学大学院国際言語文化研究科、二〇一二年三月 九九—一一一頁
星野幸代／楊韜「証言と資料 飛舞人生——台湾現代舞踊家・李彩娥氏インタビュー」『言語文化論集』三五（二）、名古屋大学大学院国際言語文化研究科、二〇一四 六九—八二頁
前田哲男『戦略爆撃の思想 ゲルニカ—重慶—広島』朝日新聞社 一九八八
前野直彬編『中国文学史』東京大学出版会、一九八九

牧野篤『中国近代教育の思想的展開と特質――陶行知「生活教育」思想の研究』日本図書センター 一九九三
松本晴子「教育者としての小林宗作の成長の過程：五人との出会いをとおして」『宮城学院女子大学発達科学研究』第一三号、二〇一三 三三―四六頁
緑川潤『舞踊家石井漠の生涯』無明社 二〇〇六
宮操子『陸軍省派遣極秘従軍舞踊団』星雲社 一九九五
村松道弥『私の舞踊史 上』芸術現代社 一九八五
山口庸子『踊る身体の詩学 モデルネの舞踊表象』名古屋大学出版会 二〇〇六
山田辰雄編『近代中国人名辞典』霞山会、一九九五
山野辺貴美子『をどるばか 人間 石井漠』宮坂出版社 一九六二
山野博大『踊る人にきく 日本の洋舞を築いた人たち』三元社 二〇一四
湯浅克衛「舞姫の追憶」『対馬』出版東京、一九五二、一七二―二〇六頁
譲原晶子『踊る身体のディスクール』春秋社、二〇〇七
楊韜「八千里路雲和月―戦時下移動演劇隊の実態と表象―」『中国言語文化研究』第一五号 佛教大学中国言語文化研究会 二〇一五 一〇一―一三二
楊韜/星野幸代「蔡瑞月文化基金会董事長・蕭渥廷氏およびドキュメンタリー『暗暝ê月光：台湾現代舞踏先駆蔡瑞月』監督・陳麗貴氏に聴く」『メディアと社会』第六巻、名古屋大学大学院国際言語文化研究科、二〇一四、一八五―一九四頁
雷石楡『もう一度春に生活できることを 抵抗の浪漫主義詩人雷石楡の半生』池沢実芳・内山加代編訳、潮流出版社 一九九五
李燕『陶行知の芸術教育論 生活教育と芸術との結合』東信堂、二〇〇六
李賢晙「描かれ、描かせる崔承喜――一九四〇年代の日本画壇と朝鮮の舞姫」『比較文学』五四、日本比較文学会、二〇一一、二二―三七頁
李賢晙「語られる崔承喜――川端康成の『舞姫』における崔承喜論」『超域文化科学紀要』第一七号、二〇一二、三七―五四頁

ルドルフ・ラバン『新しい舞踊が生まれるまで』日下四郎訳、大修館書店、二〇〇七
ナンシー・レイノルズ、マルコム・マコーミック『二〇世紀ダンス史』松澤慶喜監訳、慶應義塾大学出版会、二〇一三
呂赫若「山川草木」星名宏修編『台湾純文学集・一』緑蔭書房、二〇〇二、三五九―三八二頁
呂赫若『呂赫若日記 昭和一七―一九年 手稿本』台南：国家台湾文學館、二〇〇四
魯迅『魯迅全集』全二〇巻、訳者代表：伊藤虎丸、学習研究社、一九八五
和田博文・大橋毅彦・真鍋正宏・竹松良明・和田桂子編『言語都市・上海一八四〇―一九四五』藤原書店 一九九九
若林正丈『矢内原忠雄『帝国主義下の台湾』精読』岩波現代文庫、二〇〇一a
若林正丈『台湾――変容し躊躇するアイデンティティ』ちくま新書、二〇〇一b
若桑みどり『戦争がつくる女性像 第二次世界大戦化の日本女性動員の視覚的プロパガンダ』ちくま学芸文庫、二〇〇〇

中国語文献（著者名日本語読み五十音順）

于平、馮双白編『百年呉暁邦』北京文化芸術出版社 二〇〇六
王淵「「表演芸術」是我的職業」『萬象』「職業婦女特輯」上海、一九四四年一〇月号 二〇―二四頁
王檜林、朱漢国主編『中国報刊辞典（一八一五―一九四九）』書海出版社 一九九二
王克芬『中国舞踏発展史』上海人民出版社 二〇〇四
王克芬、劉恩伯、徐爾充、馮双白主編『中国舞踏大辞典』文化芸術出版社 二〇一〇
王克芬、隆蔭培主編『中国近現代当代舞踏発展史』人民音楽出版社 一九九八
王人美（口述）『我的成名与不幸』江蘇文芸出版社 二〇一一
夏衍「懶尋旧夢録」『夏衍全集』一五巻、浙江文芸出版社、二〇〇五
漢語大詞典編集委員会、漢語大詞典編纂処編纂『漢語大詞典』全一二巻、漢語大詞典出版社 一九八九
黄茅『漫画芸術講話』台湾商務印書館 一九七三

江青〈毛沢東夫人とは別人〉『説愛蓮』人民出版社　二〇一六
呉暁邦『我的舞踏芸術生涯』中国戯劇出版社　一九八二
蔡瑞月口述、蕭渥廷整理『台湾舞踏的先知：蔡瑞月口述歴史』財団法人台北市蔡瑞月文化基金会　一九九八
史仲文主編『中国芸術史　舞踏巻』華北人民出版社　二〇〇六
蕭渥廷編『Morning Without Sunrise 你甘有聽到人民在唱歌?』財団法人台北市蔡瑞月文化基金会　二〇一三
邵迎建『張愛玲的傳奇文學與流言人生』台湾秀威資訊科技　二〇一二a
邵迎建『上海抗戦時期的話劇』北京大学出版社　二〇一二b
邵迎建『当我們年軽時――上海話劇人訪談録』北京大学出版社　二〇一三
蕭静文舞踏団編『啊、她是何等美麗！――蔡瑞月紀念専集』財団法人台北市蔡瑞月基金会　二〇〇五
尚明軒編『宋慶齢年譜長編』上、社会科学文献出版社　二〇〇九
沈殿成主編『中国人留学日本百年史一八九六―一九九六』上冊、辽宁教育出版社、一九九七
鄒之端『新中国芭蕾舞史』清華大学出版社　二〇一二
盛婕『憶往時』中国文聯出版社　二〇一〇
孫継南『黎錦暉評伝』人民音楽出版社、一九九三
孫継南『黎錦暉与黎派音楽』上海音楽学院出版社　二〇〇七
戴愛蓮口述、羅斌／呉静姝記録・整理『戴愛蓮：我的芸術与生活』人民音楽出版社、二〇〇三
中華全国帰国華僑連合会文化交流部編『華僑与抗日戦争』中国華僑出版社、二〇〇六
中国大百科全書総編編集委員会編『中国大百科全書　音楽・舞踏』中国大百科全書出版社、一九九二
張愛玲「談跳舞」（一九四四．一一『天地』第一四期）『張愛玲典蔵全集八〈散文巻一〉一九三九―一九四七年作品』台北：皇冠文化出版　一九五―二〇九
張艶『激蕩与融合：西方舞踏在近代中国』中国伝媒大学出版社　二〇一一

趙綺芳『永遠的寶島明珠李彩娥』行政院文化建設委員会　二〇〇四

張潔明「志同道合的戦友——宋慶齢与陳友仁」中華人民共和国名誉主席宋慶齢陵園編『宋慶齢与中国名人』中国人民出版社、一九九九　一五六—一六五頁

張駿祥、程季華主編『中国電影大辞典』上海辞書出版社　一九九五

張静蔚『馬思聡年譜』中国文聯出版社　二〇〇四

張達揚編『戦闘的育才少年』四川少年児童出版社　一九八四

陳玉堂編著『全編増訂本　中国近現代人物名号大辞典』浙江古籍出版社　二〇〇五

陳元珍『民国外交強人　陳友仁　一個家族的伝奇』三聯書店　二〇一〇

鄭瑛『宋慶齢与中国名人』中国人民出版社　一九九九

田漢『田漢全集』全二〇巻、花山文芸出版社　二〇〇〇

田静主編『中国舞踏名作賞析　一九四九—九九九』人民音楽出版社　二〇〇二

仝妍『民国時期舞踏研究　一九一二—一九四九』中央民族大学出版社　二〇一三

陶行知『陶行知全集』全一二巻、四川教育出版社　二〇〇五

杜宣「日本留学時代演劇活動的回憶」（一九九六年三月一日執筆）『杜宣文集』第七巻　上海文芸出版社　二〇〇四　二四九—二五三

任貴祥『華僑第二次愛国高潮』中央党史資料出版社　一九八九

馮双白、茅慧編『中国舞踏史及作品鑑賞』高等教育出版社　二〇一〇

文碩『中国近代音楽劇史　上・下』西苑出版社　二〇一二

文天行『中国抗戦文化編年』四川辞書出版社　二〇一五

茅慧編『新中国舞踏辞典』上海音楽出版社　二〇〇五

森哲郎編著『中国抗日漫画史：中国漫画家十五年的抗日闘争歴程』山東画報出版社　一九九九

裕容齢「清宮札記」、容齢、徳齢著『慈禧与我』遼沈書社出版　一九九四　一―四四頁
葉永烈『馬思聡伝』広西人民出版社　二〇〇三
葉浅予『葉浅予画集』下巻、北京工芸美術出版社　二〇〇五
葉浅予『葉浅予自伝　細叙滄桑記流年』中国社会科学出版社　二〇〇六
姚辛「与左聯有関的人士和作家」『左聯画史』光明日報出版社　一九九九
洛川「崔承喜二次来滬記・与上海女作家們聚談」『雑誌』第一五巻第二期、一九四五年五月、八四―八六
爛華「登肯跳舞在教育方面的意義及其他」『芸術界週刊』第二期　良友印刷公司、一九二七年一月、一三―一六
李欧梵『上海摩登――一種新都市文化在中国一九三〇―一九四五』北京大学出版社、二〇〇一
李妍紅『戴愛蓮伝　永不停息的舞者』江蘇人民出版社　二〇〇九
李彩娥口述、楊玉姿編『飛舞人生　李彩娥大師口述歴史専書』高雄市文献委員会　二〇一〇
劉青弋『中国舞踊通史　中華民国巻　上』上海音楽出版社　二〇一〇
黎錦暉『葡萄仙子』中華書局　一九二三
黎錦暉「我与明月社（上）」『文化史料　第三輯』中国人民政治協商会議全国委員会・文史史料研究委員会編、文史史料出版社　一九八二　九〇―一二七頁
黎錦暉、陸衣言編『新教育教科書　国音課本』中華書局　一九二一
魯迅『魯迅全集』全一八巻、人民大学出版社　二〇〇五

英語文献

Chen, Percy. *China Called Me.* Canada: Little Brown Company, 1979.
Clegg, Arthur. *Aid China 1937–1949: a memoir of a forgotten campaign.*, Beijing: Foreign Language Ling, Der. *Two years in the Forbidden City.* New York: Moffat Yard, 1911.

Ling, Princess Der. *Two Years in The Forbidden City*. New York: Moffat Yard, 1911.

Dolin, Anton. *Friends and Memoirs*, London: Routledge and Kegan Paul Ltd, 1982.

Dolin, Anton. *Markova: Her Life and Art*. London: White Lion, 1973.

Duncan, Isadora. *Isadora Duncan: My Life*. Garden City, New York, 1927.

Glasstone, Richard. *The Story of Dai Ailian: Icon of Chinese folk dance, Pioneer of Chinese ballet*. Dance Books, Hampshire: 2007.

Hayter-Menzies, Grant. *Imperial Masquerade: The Legend of Princess Der Ling*. Hong Kong University Press, 2008.

Horder, Mervyn "The Hard-Boiled Saint: Selwyn-Clarke in Hong Kong." *British Medical Journal* 311 (1995): pp.492–495.

Hoshino, Yukiyo. "Dance as a Cross-Cultural Media: Xiao-bang Wu's life between Tokyo and Shanghai in the 1930s." *2012 Proceedings*: SDHS *Thirty-Fifth Annual Conference*, The University of the Arts, Philadelphia, Pennsylvania. *Focus*: Dance and the Social City. (2012): pp.137–140.

Jones, Andrew F. *Yellow Music: Media Culture and Colonial Modernity in the Chinese Jazz Age*. Durham and London: Duke University Press, 2001.

Kleeman, Faye Yuan. *In Transit: the Formation of the Colonial East Asian Cultural Sphere*. Honolulu, HI: University of Hawai'i Press, 2014.

Leyda, Silan Chen. *Footnote to History*. New York: Dance Horizons, 1984.

O'Connor, Peter. edited. *China speaks, 1937–1940*. Global Oriental, Edition Synapse, 2011.

Rambert, Marie. *Quicksilver*. London: Macmillan London Limited, 1972.

Walther, Suzanne, K. *The Dance of Death: Kurt Jooss and the Weimar Years*. New York: Harwood Academic, 1994.

YOSHIDA, Yukihiko. "Lee Tsia-oe and Baku Ishii before 1945–Comparing Origin of Modern Dance in Taiwan and Japan". *Pan-Asian Journal of Sports & Physical Education*. Sep. 2011. pp.56–60.

新聞雑誌（記事を複数用いたもののみ）

日本語

『朝日新聞』

『読売新聞』

『大陸新報』

中国語

『新華日報』

『申報』

『晨報副刊』

映像資料

ゲラー／ゴールドファイン監督、ドキュメンタリー『バレエ・リュス　踊る喜び、生きる歓び』、二〇〇五、米（ＤＶＤ版ジュネオンエンタテインメント2008）

陳麗貴監督、ドキュメンタリー『暗瞑ê月光：台湾現代舞踏先駆蔡瑞月』台湾公共電視台（Taiwan Public Television Service Foundation）製作「世紀女性・台湾風華」ドキュメンタリー・シリーズ第一回、二〇〇三（ＤＶＤ非売品、陳麗貴氏提供）

初出一覧

＊いずれも大幅に修正、補足を行っている。

1　Use of Dance to Spread Propaganda during the Sino-Japanese War. *Athens Journal of History*. Vol.2, Issue 2, April 2016. Athens: History Research Unit of the Athens Institute for Education and Research（ATINER）

2　「日中戦争期における植民地出身の舞踊家――崔承喜、蔡瑞月、李彩娥」『洌上古典研究』四七（韓国、延世大学、二〇一五）

3　「抗日舞踊と育才学校の接点　陶行知、戴愛蓮、呉暁邦の合作」馬場毅編『多角的視点から見た日中戦争　政治・経済・軍事・文化・民族の相克』集広舎、二〇一五、三一三―三三六頁

4　「日中戦争期上海で踊る――交錯する身体メディア・プロパガンダ」、大橋毅彦編『アジア遊学　特集・上海租界劇場文化が放つ光芒』勉誠出版、二〇一五年四月一五日　六二―七一頁
（中国語版：「抗日战争时期跳在上海的舞蹈家――以兰心大戏院为主要舞台」、大橋毅彦、趙怡、榎本泰子、井口淳子編『上海租界与兰心大戏院――东西艺术融合交汇的剧场空间』上海人民出版社、二〇一五年一月　二〇五―二一八頁）

5　"Dance as a Cross-Cultural Media: Xiao-bang Wu's life between Tokyo and Shanghai in the 1930s." *2012 Proceedings*: SDHS *Thirty-Fifth Annual Conference*, The University of the Arts, Philadelphia, Pennsylvania. *Focus:*

Dance and the Social City.（2012）: pp.137–140

6　「抗日運動における舞踊家・戴愛蓮――陳友仁、宋慶齢との関わりを中心に」『東方学』第一二四集　東方学会　二〇一二年七月　五四―七〇頁

7　「日本統治下文化工作における上海バレエ・リュスと小牧正英――『大陸新報』報道を追って」『JunCture超域的日本文化研究02』名古屋大学大学院文学研究科附属日本近現代文化研究センター　二〇一一年三月　一二〇―一三一頁

8　「中国バレエ前史」『言語文化論集』名古屋大学国際言語文化研究科　二六巻二号　二〇〇八　一一一―一二一頁

あとがき

本書の発端は二〇〇五―二〇〇七年度、共同研究「一九二〇―三〇年代北京・上海のメディア環境と文学界・文化界のネットワーク」（基盤研究（C）、研究代表者：清水賢一郎氏、研究分担者：榎本泰子氏、鈴木将久氏、河村昌子氏、齋藤大紀氏、高橋俊氏および筆者）に従事したことであった。詳しくは省くが、直接的には榎本氏の上海における西洋音楽受容研究を通して上海バレエ・リュスを知り、上海のクラシック・バレエ環境に興味を持った。しかし、当時は疑問に応えてくれる先行研究がなかった。その後、二、三年で調べたことをかき集めて「中国バレエ前史」を発表した。現在見ると誤りもある研究ノートだが、幸いこれに基づき「中国バレエ史研究：革命バレエの成立と終焉およびその継承まで」（二〇〇九―二〇一一年度基盤研究（C））を得ることが出来た。だが、この個人研究に取りかかると間もなく、バレエよりモダンダンスの方が当時の中国では重要であったことが判明しただけでなく、中国のモダンダンスは同時代演劇、音楽、映画、そして出版メディアと強く結びついており、途方もなく大きな研究課題であることが分かった。そこで時代を日中戦期に絞り、上述の文芸諸分野の研究者に加わってもらい、共同研究「戦時下中国の移動するメディア・プロパガンダ――身体・音・映像の動態的連関から」（二〇一二―二〇一四年度基盤研究（B）、研究分担者：邵迎建氏、晏妮氏、西村正男氏、楊韜氏、葛西周氏）を立ち上げた。現在も同じ研究チームで継続研究に従事しているが、本書は主として上述の共同・個人研究三件に拠り、個人研究の部分をまとめたものである。この間、研究メンバーに啓発され、刺激され、資料収集・課題の解決において多大な助力を得てきた。研究メンバーの各々方に心よりお礼を申し上げたい。

本書は右記に挙げた研究者の他、感謝したい先生方、研究者が多数いる。

藤井省三先生には大学学部時代より主指導についていただき、文学から反れていく研究の方向性を否定されることもなく、変わらず御指導いただいてきた。

田中一成先生には、大学院時代より折につけ御助言と御鞭撻を賜ってきた。

黄英哲先生には台湾の舞踊研究において多方面にわたる援助と、また多くの得難い機会をいただいた。

大橋毅彦先生には、右に挙げた鈴木将久氏より御紹介にあずかり、上海の劇場文化をめぐるシンポジウム、論集で発表の場を与えていただき、大橋先生の主催する各研究グループの先生方には貴重な情報と御意見をいただいた。

同僚でもある山口庸子先生のドイツ舞踊研究には多くを負い、そもそも舞踊と思想ないし政治が研究テーマとなりうるという点で啓発された。

南富鎭先生には崔承喜研究にかかる貴重な助言と資料をいただき、研究遂行について激励していただいた。

舞踊家・李彩娥先生にはお話をうかがい、また資料をご提供いただいた。また李彩娥先生のインタビューは河尻和也氏、張蓮氏のお蔭で実現した。古森美智子先生には本書校正段階でお話をうかがうことができた。

蔡瑞月舞踊研究社董事長・蕭渥廷氏ならびに舞踊家・折田克子氏（石井みどり・折田克子舞踊研究所主宰）。蔡瑞月のドキュメンタリー監督・陳麗貴氏には蔡瑞月に関するインタビューへのご協力、また資料をご提供いただいた。

愛知県芸術劇場シニア・プロデューサーの唐津絵理氏には、二〇一三年同劇場との共同企画「石井漠・石井みどり・蔡瑞月とその時代」を主導していただき、その後もモダンダンスに関する示唆を折々いただいている。

イサドラ・ダンカン研究者・柳下惠美氏には、国際舞踊史学会でのご協力、またダンカンをめぐる資料をご提供いただいた。

日本比較文学会・中部支部幹事の先生方には、この研究にかかる報告の場を与えていただき、欧米及び日本文学研究をフィールドとする視点から多面的な御意見をいただいた。日中戦争史研究会でも口頭発表、そして寄稿の機会をいただき、史学専門の先生方より特に資料の扱いについて貴重なご指摘をいただいた。

そのほかにも多数の研究者のお蔭をもって、また元学生・大学院生諸君の協力で本書は成立している。ここにその方々の御名前はあげないが、心からお礼を申し上げたい。

学友であった故・小冷賢一君の御母堂である小冷千枝子様には終始、激励していただいた。

本書出版に向けて、汲古書院編集部・大江英夫氏には日本学術振興会への審査書類の段階から根気よく御尽力いただいた。心より感謝申し上げたい。そのお蔭をもって本書は二〇一七年度日本学術振興会研究公開促進費に採択された。最後に、索引を担当してくれた夫・真司にありがとう。

「はじめに」にでも述べたが、本書は掲げた研究目的に見合うためには、対象範囲、資料ともに不足している。だが、こうしたジャンルでは初の研究書であり、後の研究者たちがこの舞踊地図を書き直し、広げてくれることを願う。筆者自身も裏付けと見直しを重ねていくつもりである。

二〇一七年九月

星野幸代

人名索引

著者略歴

星野　幸代（ほしの　ゆきよ）

1968年、東京都福生市生まれ。
東京大学文学部卒、東京大学大学院人文社会系研究科修了、博士（文学）。現在、名古屋大学大学院人文学研究科教授。専門は近現代中国文学、近現代中国舞踊史。著書に『多角的視点から見た日中戦争』（共著、集広舎）、『侯孝賢の詩学と時間のプリズム』（共編、あるむ出版）など。

日中戦争下のモダンダンス
――交錯するプロパガンダ――

二〇一八年二月六日　発行

著　者　星　野　幸　代
発行者　三　井　久　人
整版印刷　株式会社　理　想　社

発行所　汲　古　書　院
〒102-0072　東京都千代田区飯田橋二―五―四
電　話〇三（三二六五）九七六四
ＦＡＸ〇三（三二二二）一八四五

ISBN978-4-7629-6603-3　C3022